한국어능력시험

COOL TOPIK II

쓰기

한글파크

최신 TOPIK II 경향을 반영한
COOL TOPIK II 쓰기를 내면서

HOT 토픽이 처음 출간되던 때와는 달리 이제는 많은 토픽 책들을 서점에서 볼 수 있습니다. 시중에 나와 있는 책들을 가지고 현장에서 가르칠 때마다 느끼는 것은 대부분의 책들이 너무 많은 전략과 정보를 제공한다는 점입니다. 많은 지식을 습득하는 것은 좋지만 그 많은 양에 치여 오히려 기초가 잘 다져지지 않는다는 느낌을 지울 수가 없었습니다.

COOL TOPIK 쓰기는

'COOL하게' 자잘한 것들은 다 없애고 가장 기본적이면서 반드시 지켜야 할 것, 기본만으로도 고득점을 받을 수 있는 것들만 모아 놓았습니다.

'COOL하게' 쓰기에 두려움을 가지고 있는 수험생들을 위해서 문제 유형별 COOL TIP과 글쓰기 단계에 따라 체계적으로 학습함으로써 한국어 쓰기 실력을 쌓을 수 있도록 구성하였습니다. 또한 한국식 표현과 한국어 구조에 익숙하지 않은 수험생들을 위해서 다양한 보기를 제공하여 취약한 부분을 집중 보완하도록 하였습니다.

'COOL하게' 출제 예상 문제를 제공하여 수험생들이 실제 시험에 철저히 대비할 수 있도록 하였습니다.

이 책의 3주/5주 학습 계획을 통해서 쓰기 시험 준비를 하신다면 한국어 쓰기의 기본을 공부할 수 있을 뿐만 아니라 TOPIK II 쓰기 시험에서도 원하는 점수보다 더 높은 점수를 받을 수 있을 것입니다. 모쪼록 TOPIK II 시험을 준비하는 수험생들에게 좋은 길잡이가 되길 바랍니다.

책이 나오기까지 많은 의견을 제시하여 좋은 글을 쓸 수 있도록 조언해 준 정다움 님, 정이룸 님에게 감사드립니다. 그리고 본 책이 출판되기까지 도움을 주신 많은 분들과 한글파크 출판사 엄태상 대표님과 양승주 과장님을 비롯한 관계자 여러분들께도 감사의 말씀 드립니다.

2022년 6월 저자 강은정 올림

3주/5주 학습 계획

자신의 학습 계획에 맞는 3주/5주 학습 계획표를 활용하여 고득점을 위한 쓰기 실력을 완성할 수 있습니다.

COOL TIP

51번, 52번, 53번, 54번 기출문제를 분석하여 고득점을 위한 COOL TIP를 제공하였습니다.

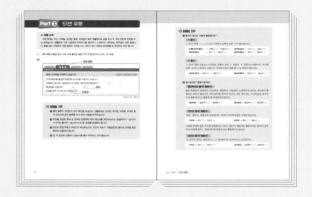

연습 문제

문장의 호응 연습, 격식체 반말, 접속사 표현 등을 연습할 수 있습니다.

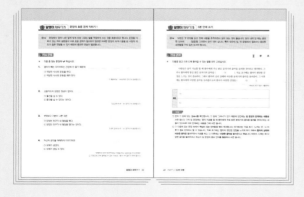

예상 문제

앞으로 나올 만한 다양한 예상 문제들과 학습자들이 틀리기 쉬운 오류의 예도 수록하여 시험에 대비할 수 있습니다.

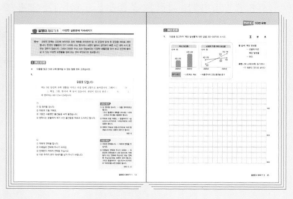

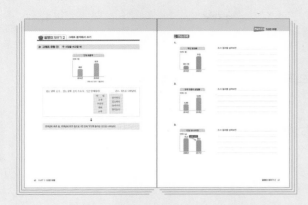

그래프 분석하기

다양한 유형의 도표와 그래프를 제시하여 이에 어울리는 표현들을 단계별로 연습할 수 있습니다.

54번 아웃라인 분석하기

논리적인 답안 작성을 위한 아웃라인 작성 방법을 익힐 수 있습니다.

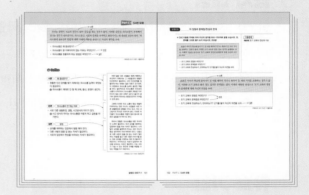

부록 54번 출제 예상 문제

다양한 주제와 아웃라인을 제공하여 문장 구성 및 전개 방식을 익힐 수 있습니다.

실전 모의고사

실전 모의고사는 TOPIK Ⅱ 쓰기에 실제로 나올 수 있는 문제로 총 5회 분을 수록하였습니다.

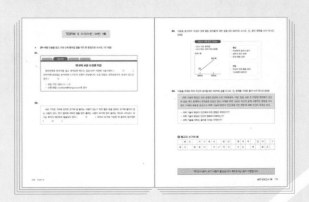

❶ 시험 목적

◈ 한국어를 모국어로 하지 않는 재외동포 · 외국인의 한국어 학습 방향 제시 및 한국어 보급 확대

◈ 한국어 사용 능력을 측정 · 평가하여 그 결과를 국내 대학 유학 및 취업 등에 활용

❷ 응시 대상

한국어를 모국어로 하지 않는 재외동포 및 외국인으로서

◈ 한국어 학습자 및 국내 대학 유학 희망자

◈ 국내 · 외 한국 기업체 및 공공기관 취업 희망자

◈ 외국 학교에 재학중이거나 졸업한 재외국민

❸ 유효 기간

성적 발표일로부터 2년간 유효

❹ TOPIK Ⅱ 쓰기 영역

TOPIK Ⅱ 1교시 과목은 듣기와 쓰기이며 2교시는 읽기입니다. 쓰기는 총 4문제입니다. 듣기와 읽기는 50문항에 100점이나 쓰기는 4문항에 100점이기 때문에 문항에 적절한 답안을 잘 써낼 수 있다면 듣기나 읽기보다 높은 점수를 쉽게 받을 수 있습니다.

교시	평가 영역	문항 수	시험 시간	
1교시	듣기(100점)	50 문항	60분	110분
	쓰기(100점)	4 문항	50분	
2교시	읽기(100점)	50 문항	70분	70분
	300점	104 문항	180분	

51번과 52번은 간단한 문장 완성형으로 문항마다 2문장씩 모두 4문장을 써야 하며, 한 문장이 5점
으로 모두 20점입니다. 53번은 제시된 표와 그래프를 이용하여 200~300자로 한 단락을 쓰는 문
제입니다. 점수는 30점입니다. 54번은 난이도가 가장 높은 문제이면서 배점도 가장 높은 문제입
니다. 제시된 조건에 맞는 한 편의 글을 600~700자로 3~4단락을 쓰는 문제입니다.

51번	문장 완성형	2문장, 3급 수준	5점 X 2 =10점
52번	문장 완성형	2문장, 3급 수준	5점 X 2 =10점
53번	작문형	200~300자, 3, 4급 수준	30점
54번	작문형	600~700자, 5, 6급 수준	50점

❺ TOPIK II 쓰기 평가 기준

문항	평가 기준
51번-52번	– 내용이 맥락에 맞게 적절한가? – 문장 단위의 표현이 정확하고 격식에 맞는가?
53번	– 내용이 주제와 관련되고 풍부하고 다양한가? – 제시된 정보를 적절하게 사용하였는가? – 글의 구성이 논리적이며 조직적인가? – 어휘와 문법을 적절하고 다양하게 사용하였는가?
54번	– 내용이 주제와 관련되어 풍부하고 다양한가? – 글의 구성이 논리적이며 조직적인가? – 어휘와 문법을 적절하고 다양하게 사용하였는가?

📝 3주/5주 완성 학습 계획

3주 완성

	Day 1	Day 2	Day 3	Day 4	Day 5	Day 6	Day 7
1주	51번 (알)①,②	52번 (알)①,②,③,④,⑤	53번 (알)①,②	54번 (알)①,②,⑧,⑨	54번 (알)③,④,⑤	54번 (알)⑥	54번 (알)⑦
2주	54번 (알)⑦	53번 (알)③, 54번 (알)(예)	53번 (알)③, 54번 (알)(예)	53번 (알)③, 54번 (알)(예)	53번 (알)③, 54번 (알)(예)	53번 (알)③, 54번 (알)(예)	53번 (알)③, 54번 (알)(예)
3주	53번 (알)③, 54번 (알)(예)	53번 (알)③, 54번 (알)(예)	53번 (알)③, 54번 (알)(예)	53번 (알)③, 54번 (알)(예)	실전 모의고사	실전 모의고사	실전 모의고사

* (알):알맹이 채우기, (예):54번 출제 예상 문제

5주 완성

	Day 1	Day 2	Day 3	Day 4	Day 5	Day 6	Day 7
1주	51번 (알)①,②	52번 (알)①,②,③,④,⑤	53번 (알)①,②	53번 (알)②	53번 (알)②	53번 (알)②	54번 (알)①,②,⑧,⑨
2주	54번 (알)③	54번 (알)④	54번 (알)⑤	54번 (알)⑥	54번 (알)⑥	54번 (알)⑦	54번 (알)⑦
3주	54번 (알)⑦	51번 (알)② 복습	52번 (알)⑤ 복습	53번 (알)② 복습	53번 (알)② 복습	54번 (알)③,④,⑤ 복습	53번 (알)③, 54번 (알)(예)
4주	53번 (알)③, 54번 (알)(예)	53번 (알)③, 54번 (알)(예)	53번 (알)③, 54번 (알)(예)	53번 (알)③, 54번 (알)(예)	53번 (알)③, 54번 (알)(예)	53번 (알)③, 54번 (알)(예)	53번 (알)③, 54번 (알)(예)
5주	53번 (알)③, 54번 (알)(예)	53번 (알)③, 54번 (알)(예)	실전 모의고사 1회	실전 모의고사 2회	실전 모의고사 3회	실전 모의고사 4회	실전 모의고사 5회

* (알):알맹이 채우기, (예):54번 출제 예상 문제

학습 방법

1. 매일매일 정해진 학습 분량을 공부합니다.
2. 배정된 학습 분량은 충분히 익히고 연습합니다.
3. 3주 완성 계획으로 공부하신 분들은 처음부터 끝까지 공부한 후에 **다시 한번 처음부터 끝까지 반복해서 봅니다.** 두 번째 볼 때는 51번과 52번은 쓰지 않더라도 **소리를 내면서 문장을 완성**해 보십시오. 글로 쓰는 연습보다 입으로 소리를 내면서 하는 것이 더 빨리 습득할 수 있는 방법입니다.
4. 53번도 **반복해서 연습**하지 않으면 그래프 표현을 금방 잊어버리기가 쉽습니다. 많은 양을 쓰는 게 힘드시다면 51번, 52번 연습하는 것처럼 **말하기로 연습**하는 것도 좋습니다.
5. 긴 글 쓰는 감을 잃지 않기 위해서 54번 기본 연습이 끝나면 54번 출제 예상 문제의 아웃라인을 보면서 **하루에 한 문제씩** 긴 글을 써보십시오.

목차 😉

목차 🙂

PART 1

51번 유형

🔵 유형 소개

51번 문제는 카드, 이메일, 초대장, 알림, 모집글과 같은 생활문으로 글을 읽고 두 개의 빈칸에 문장을 쓰는 문제입니다. 생활문은 다른 사람에게 무엇인가를 알리거나 소개하거나 부탁하는 목적성이 강한 글입니다. 글을 읽는 사람에게 직접 말하는 것처럼 쓰는 경우가 많기 때문에 문장체를 잘 확인하고 써야 합니다.

※　**[51~52]** 다음을 읽고 ㉠과 ㉡에 들어갈 말을 각각 한 문장으로 쓰시오. (각 10점)

51.

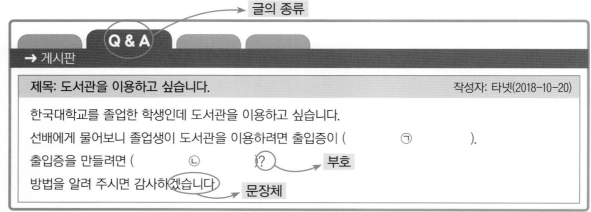

글의 종류

Q & A

➡ 게시판

제목: 도서관을 이용하고 싶습니다.　　　　　　　　　작성자: 타넷(2018-10-20)

한국대학교를 졸업한 학생인데 도서관을 이용하고 싶습니다.

선배에게 물어보니 졸업생이 도서관을 이용하려면 출입증이 (　　㉠　　).

출입증을 만들려면 (　　㉡　　　)?　➡ 부호

방법을 알려 주시면 감사하겠습니다.　➡ 문장체

〈제60회 51번 기출문제〉

☀ COOL TIP

❶ 글의 종류가 무엇인지 먼저 확인을 하십시오. 생활문에는 안내문, 문의글, 모집글, 초대장 등이 있으므로 글의 종류를 보고 글의 내용을 파악하십시오.

❷ 문장을 완성한 후에 글 전체의 문장체와 맞게 썼는지를 확인하십시오. 종결어미가 '–습니다/ㅂ니다'로 끝나면 '–습니다/ㅂ니다'로 문장을 완성해야 합니다.

❸ 빈칸의 문장 부호가 무엇인지 확인하십시오. 빈칸의 부호가 '?(물음표)'로 끝나면 문장을 질문형으로 만들어야 합니다.

❹ 앞, 뒤 문장의 내용이나 접속사를 빨리 파악하는 것이 좋습니다.

🔑 　51번의 문제는 간단해 보이지만 전체 맥락을 파악하여 앞, 뒤 문장에 맞게 한 문장을 제대로 써야 합니다. 한국의 생활문이 자기 나라와 쓰는 형식이나 표현이 달라서 생각보다 빠른 시간 내에 쓰지 못하는 경우가 많습니다. 그래서 51번은 우선 쓰는 연습보다는 다양한 생활문을 읽어 보고 빈칸에 들어갈 수 있는 다양한 표현들을 접해 보는 것이 무엇보다도 중요합니다.

📝 예상 문제

※　다음을 읽고 ㉠과 ㉡에 들어갈 수 있는 말을 모두 고르십시오.

1.

무료로 드립니다

저는 5년 동안의 유학 생활을 마치고 다음 달에 고향으로 돌아갑니다. 그래서 (　　　㉠　　　). 책상, 그릇, 한국어 책 등이 있습니다. 관심이 있으신 분은 (　　　㉡　　　). 제 연락처는 010-1234-1234입니다.

㉠
① 짐 정리할 겁니다.
② 무료로 드릴 거예요.
③ 그동안 사용했던 물건들을 싸게 팔겠습니다.
④ 원하시는 분들에게 제가 쓰던 물건들을 무료로 드리려고 합니다.

오답 체크
① 짐 정리할 겁니다. → 짐을 정리하려고 합니다.
：조사 '을/를'과 계획을 나타내는 '-으려고/려고 하다'를 사용해야 합니다.

② 무료로 드릴 거예요. → 종결어미가 '-습니다/ㅂ니다'이므로 '-어요/아요'로 쓰면 감점이 됩니다.

③ 제목이 '무료로 드립니다'이므로 '싸게 팔겠습니다'라는 내용이 오면 안 됩니다.

정답 ④

㉡
① 저에게 연락을 합니다.
② 이메일로 연락해 주시기 바라요.
③ 언제든지 저에게 연락을 주십시오.
④ 이번 주까지 문자 메세지를 남겨 주시기 바랍니다.

오답 체크
① 저에게 연락합니다. → 저에게 연락을 주십시오.

② 이메일로 연락해 주시기 바라요 → 뒤 문장에 전화번호가 나와 있으므로 '이메일'이 아닌 '전화해 주십시오' 또는 '연락해 주십시오'라는 표현이 와야 합니다. 그리고 종결어미가 '-습니다/ㅂ니다'이므로 '바라요'를 쓰면 감점이 됩니다.

정답 ③, ④

2.

모집

K-POP 댄스 동아리 '보라'입니다. 이번에 (　　　　　　⊙　　　　　　). K-POP 댄스에 관심이 있는 회원이라면 누구든지 신청할 수 있습니다. (　　　　　　ⓛ　　　　　　)? 그래도 걱정하지 마십시오. 선배들이 하나에서 열까지 하나하나 가르쳐 드립니다. 다음 주 화요일까지 korean@dmail.com으로 신청하십시오.

⊙

① 춤 공연을 합니다.
② 댄스 강의 신청을 받습니다.
③ 새로 신입 회원을 모집하려고 합니다.
④ 저희가 인기 가수의 안무를 배우려고 합니다.

ⓛ

① 초보자예요?
② 춤을 잘 못 춥니다.
③ 춤을 춰 본 적이 없습니까?
④ K-POP 댄스에 관심이 있는데 춤을 잘 못한다고요?

3.

	한국어능력시험 일정 변경 안내

안녕하세요? 한국어능력시험센터입니다. 제70회 한국어능력시험 연기에 따라 2032년 한국어능력시험 일정이 (　　　㉠　　　). 제70회 한국어능력시험 연기에 따른 취소, 환불에 대한 문의는 공지 사항을 (　　　㉡　　　).

	변경 전	변경 후		
	시험일	시험일	접수기간(국내)	성적 발표일
제69회	4.11.(토)~4.12.(일)	5.23.(토)~5.24.(일)	3.23.(토)~3.27.(금)	6.30.(화) 15:00
제70회	5.23.(토)~5.24.(일)	7.11.(토)~7.12.(일)	5.29.(토)~6.4.(목)	8.20.(목) 15:00
제71회	7.12.(토)	8.23.(토)	7.3.(토)~7.8.(수)	9.29.(화) 15:00

㉠

① 바꿨습니다.

② 바뀌었습니다.

③ 변경되었음을 알립니다.

④ 변경되었으니 아래의 일정을 확인해 주십시오.

㉡

① 확인해 주십시오.

② 확인해 주시기 바랍니다.

③ 유의해 주시기 바랍니다.

④ 다시 안내해 드리겠습니다.

오답 체크

① 을/를 바뀌다 → 이/가 바뀌다

* 공식적인 안내문에는 한자어 '변경되다'를 쓰는 것이 좋습니다.

정답 ②, ③, ④

오답 체크

③ (㉡) 앞에 조사 '을'이 있으므로 동사 '유의하다'를 쓸 수 없습니다. '유의하다'는 조사 '에'와 함께 쓰입니다.

④ '~환불에 대한 문의는'과 '다시 안내해 드리겠습니다'는 문맥상 내용 연결이 되지 않습니다.

정답 ①, ②

4.

Q & A

→ 게시판

도서관 이용 방법 문의

마포구에 살고 있는 외국인인데요. 마포 중앙 도서관에서 책을 빌리고 싶습니다.
한국인 친구에게 물어보니 외국인이 도서관을 이용하려면 회원증이 (㉠   ).
회원증을 만들려면 (㉡   )? 방법을 알려 주시면 감사하겠습니다.

㉠

① 필요하대요.
② 있어야 해요.
③ 필요하다고 합니다.
④ 있어야 한다고 합니다.

오답 체크

① 문의하는 내용이므로 구어적인 표현 '-는대요/ㄴ대요/대요' 보다는 '-는다고/ㄴ다고/다고 합니다' 표현을 써야 합니다.

② '한국인 친구에게 물어보니'라는 표현에서 알 수 있듯이 다른 사람의 말을 전해야 하는 상황이므로 간접화법 '-는다고/ㄴ다고/다고 합니다'라는 표현을 사용해야 합니다.

정답 ③, ④

㉡

① 어떻게 합니까?
② 어떻게 해야 하나요?
③ 어떻게 해야 됩니까?
④ 어떻게 해야 할 겁니까?

오답 체크

①, ④ '-으려면/려면'은 '-어야/아야 되다(하다)' 표현과 함께 쓰입니다.

정답 ②, ③

5.

> 정국아, 전화를 안 받아서 문자를 보내.
> 정국아~ 미안한데, 오늘 회사에 갑자기 일이 생겨서 (㉠   ).
> 6시 말고 8시에 보는 건 어때? 갑자기 약속 시간을 바꿔서 미안해.
> 그 대신에 (㉡   ). 먹고 싶은 거 있으면 뭐든지 말해.
> 문자 보면 답장 꼭 줘.

㉠

① 6시에 만날 수 없어.
② 약속 시간을 늦췄으면 해.
③ 오늘 만날 수 없을 것 같아.
④ 제시간에 퇴근을 못 할 것 같아.

㉡

① 내가 밥을 사 줄까?
② 밥은 내가 살 거예요.
③ 내가 오늘 저녁을 살게.
④ 제가 오늘 저녁을 사겠어.

6.

김태형 ♡ 정다음

오래 전부터 기다려 왔던 사람을 드디어 만났습니다.
먼 길 힘드시겠지만 꼭 오셔서 (㉠   ).
여러분들이 걸어 오셨던 인생의 지혜와 용기를 저희에게 나눠 주십시오.

* 결혼식장은 주차 공간이 부족하니 (㉡   ). 그리고 화환은 받지 않습니다.

㉠
① 축하합니다.
② 축하하세요.
③ 축하해 주세요.
④ 축하해 주시기 바랍니다.

오답 체크

①, ② 축하를 받는 상황이므로 '축하해 주다'라는 표현을 써야 합니다.

③ 종결어미가 '-습니다/ㅂ니다'로 끝나고 있으므로 '주세요' 보다는 '주십시오'로 쓰는 것이 좋습니다.

정답 ④

㉡
① 미리 양해 부탁드립니다.
② 대중교통을 이용해 주십시오.
③ 대중교통을 사용해 주십시오.
④ 대중교통을 이용해 주시기 바랍니다.

오답 체크

③ 대중교통을 사용하다. (X) → 대중교통을 이용하다. (O)

• _____을/를 사용하다
  볼펜, 컵, 칼, 존댓말

• _____을/를 이용하다
  버스, 지하철, 도서관, 와이파이

정답 ①, ②, ④

7.

> 아주머니, 그동안 감사했습니다.
>
> 저는 내일이면 미국으로 일을 (㉠   ). 제가 하고 싶은 일을 하게 되어서 기쁘지만
>
> 4년 동안 지내온 하숙집을 떠나야 한다고 생각하니까 많이 아쉽습니다. 작은 선물을 준비했는
>
> 데 선물이 아주머니 마음에 (㉡   ).

㉠
① 하러 가요.
② 시작합니다.
③ 하러 갑니다.
④ 하러 가야 합니다.

㉡
① 드세요?
② 들면 좋겠습니다.
③ 드실지 모르겠습니다.
④ 들었으면 좋겠습니다.

오답 체크
① 종결어미가 '-습니다/ㅂ니다'이므로 '하러 가요' 보다는 '하러 갑니다'로 쓰는 것이 좋습니다.
② '미국으로'에서 이동의 조사 '으로/로'가 있으므로 '가다'를 써야 합니다.
정답 ③, ④

오답 체크
① (㉡) 문장 부호가 '.(마침표)'로 끝나고 있으므로 의문형이 오면 안 됩니다.
② 말하는 사람의 소망이나 바람을 나타낼 때는 '-었으면/았으면 좋겠다'를 사용합니다.
정답 ③, ④

8.

To. 김석진 교수님께

교수님 안녕하세요? 경제학 수업을 듣고 있는 경영학과 23학번 박지민입니다. 다름이 아니라 이번 학기 경제학 성적이 제가 예상했던 것보다 (㉠   ). 바쁘시겠지만 제가 어떤 부분이 부족했는지 (㉡   )? 부족한 부분을 학업에 참고하여 보완하고 싶습니다. 저는 화/목 9:30~2:00를 제외하고 언제든 가능합니다.

날이 추운데 감기 조심하세요.

박지민 올림.

㉠

① 낮아요.
② 점수가 높습니다.
③ 점수가 낮은 것 같습니다.
④ 점수가 낮아서 메일을 드립니다.

㉡

① 알려 주세요?
② 알고 싶습니다.
③ 알려 주실 수 있을까요?
④ 가르쳐 주실 수 있으세요?

오답 체크

① 종결어미가 '-습니다/ㅂ니다'이므로 '낮아요'를 '낮습니다'라고 써야 합니다. 그리고 단정적으로 '낮습니다'라고 말하는 것보다 '낮은 것 같습니다'라고 돌려서 말하는 것이 좋습니다.

※ 돌려서 말할 때 '-는/은/을 것 같다'를 사용합니다.

② ㉡의 뒤 문장에서 '부족한 부분을 보완하고 싶다'고 했으므로 '점수가 높아서'라는 내용이 오면 안 됩니다.

정답 ③, ④

오답 체크

① 부탁을 할 때는 명령의 '-으세요/세요'보다 좀 더 부드러운 표현 '-을/ㄹ 수 있을까요?'를 사용하는 것이 좋습니다.

② (㉡) 문장 부호가 '?(물음표)'이므로 의문형이 와야 합니다.

정답 ③, ④

9.

```
┃ 분실물 보관함 안내

본 스포츠 센터 방문시 분실하신 물건들은 (              ㉠              ). 분실물의
보관 기간은 습득일 기준으로 1개월입니다. 1개월이 지나도 (        ㉡        ).
분실물 관련 문의는 안내 데스크에서 해 주시기 바랍니다.
```

㉠

① 데스크에 보관 중입니다.

② 분실물 센터에서 찾을 수 있습니다.

③ 분실물 보관함에서 보관하고 있습니다.

④ 분실물 보관함에서 보관되어 있습니다.

㉡

① 가져가세요.

② 물건은 폐기합니다.

③ 가져가지 않으면 모두 폐기합니다.

④ 찾아가지 않는 물건들은 불우 이웃을 돕는 데에 이용하겠습니다.

오답 체크

② '분실물 센터'는 문맥과 어울리지 않는 단어입니다. 스포츠 센터 안에서 잃어버린 물건을 모아 둔 곳을 이야기하고 있으므로 '분실물 보관함' 또는 '데스크'라는 단어가 적절합니다.

④ 분실물 보관함에서 보관되어 있습니다.
→ 분실물 보관함에 보관되어 있습니다.
: 보관되어 있는 장소를 이야기하고 있으므로 조사 '에'를 써야 합니다.

정답 ①, ③

오답 체크

①, ② '-어도/아도'는 뒤의 내용이 앞의 내용으로 예상할 수 있는 일반적인 결과와 다를 때 사용하므로 '1개월이 지나도 찾아가지 않으면(가져가지 않으면)'이라는 내용이 와야 합니다.

정답 ③, ④

10.

룸메이트 구함

1월~6월 단기간 (　　　　ㄱ　　　　). 월세는 50만 원인데 둘이 나눠서 냈으면 좋겠습니다. 집 안에 가구, 가전 제품, 모두 갖춰져 있어서 (　　　　ㄴ　　　　). 친구처럼 편하게 룸메이트 하실 분만 연락 주세요. 평일에는 학교 수업 때문에 전화를 못 받습니다. 가능한 한 문의는 문자 메시지로 해 주시기 바랍니다.

ㄱ

① 학생을 구합니다.

② 집을 빌려 드립니다.

③ 룸메이트를 찾습니다.

④ 함께 할 룸메이트를 찾습니다.

오답 체크

① '학생을 구합니다'는 무엇을 할 학생을 구하는지가 명확하지 않습니다.

② '친구처럼 편하게 룸메이트 하실 분'만 연락을 달라고 했으므로 '집을 빌려 드립니다'라는 내용이 오면 안 됩니다.

정답 ③, ④

ㄴ

① 다 좋습니다.

② 생활하기가 편리할 거예요.

③ 본인의 짐만 챙기고 오시면 됩니다.

④ 그냥 몸만 들어와서 사시면 됩니다.

오답 체크

① '다 좋습니다.'가 틀린 문장은 아니지만 1급 수준의 문장이므로 낮은 점수를 받을 수 있습니다.

② 종결어미가 '-습니다/ㅂ니다'이므로 '-어요/아요'로 쓰면 감점이 됩니다.

정답 ③, ④

알맹이 채우기 **2** 5분 안에 쓰기

🔑 51번 문제는 비교적 쉬운 글로 구성되어 있어서 간단해 보이지만 생각보다 문장을 완성하는 데에 시간이 걸립니다. 그래서 빠른 시간 내에 문맥에 맞는 문장을 써 넣기 위해서는 제목 또는 글의 종류를 확인해야 합니다. 빈칸에 들어가는 내용이 대부분 글의 목적을 설명하는 경우가 많기 때문에 글의 목적을 나타내는 제목이나 글의 종류를 파악하는 것이 좋습니다. 그리고 문제를 푸는 데 걸리는 시간을 정확하게 측정하는 것도 좋습니다. 평소에 시간을 재면서 푸는 연습을 통해 글을 읽고 쓰는 속도를 향상시킬 수 있습니다.

📝 연습 문제

⏳ ____분 ____초

※ 다음을 읽고 ㉠과 ㉡에 들어갈 수 있는 말을 모두 고르십시오.

무료로 드립니다

저는 유학생인데 공부를 마치고 다음 주에 고향으로 돌아갑니다. 그래서 지금 (㉠). 책상, 의자, 컴퓨터, 경영학 전공 책 등이 있습니다. 이번 주 금요일까지 방을 비워 줘야 합니다. (㉡). 제 전화번호는 010-1234-5678입니다.

〈제35회 51번 기출문제〉

51.	㉠	
	㉡	

해설

㉠ 먼저 **글의 제목을 확인**하십시오. 글의 제목을 보고 글을 쓴 목적을 생각해야 합니다. **㉠의 앞 내용**에서 '유학 생활을 마치고 고향으로 돌아간다'고 하고 있으며, **㉠의 뒤 내용**에서는 이 사람이 가지고 있는 물건을 설명하고 있으므로 ㉠에는 이 사람이 가지고 있는 물건을 무료로 드리겠다는 내용이 들어가야 합니다.

㉡ **㉡의 앞, 뒤 문장을 확인**하십시오. **㉡의 앞 내용**은 '금요일까지 방을 정리해 줘야 한다'고 하고 있으며 **㉡의 뒤 내용**은 이 사람의 전화번호가 쓰여 있습니다. 그러므로 금요일까지 이 사람이 가지고 있는 물건에 관심이 있는 사람은 연락을 달라는 내용이 들어가야 합니다.

51.	㉠ 제 물건을 정리하려고 합니다 / 그동안 사용했던 제 물건들을 정리하려고 합니다
	㉡ 필요하신 분은 금요일 전까지 연락 주세요 / 물건이 필요하신 분들은 금요일 전까지 연락 주시기 바랍니다

☀ COOL TIP

1 문장을 끝까지 완성하십시오. 쓰다가 만 문장은 0점입니다.

2 빈칸에는 한 문장만 쓸 수 있습니다. 자세하게 쓰려고 두 문장을 쓰는 경우가 있는데 두 문장을 쓰면 0점 처리됩니다.

3 문장을 완성한 후에는 글의 문장체와 맞게 썼는지 확인하십시오.

4 가능한 한 3, 4급 수준의 문장으로 쓰는 것이 좋습니다.

📋 예상 문제

※ 다음을 읽고 ㉠과 ㉡에 들어갈 말을 각각 한 문장으로 쓰십시오.

1.

⏳ ____ 분 ____ 초

| 게시판 | | | |

무료로 드립니다

제가 회사일 때문에 지방으로 이사를 가게 됐습니다. 그래서 (㉠   ). 침대, 책상, 그릇 등이 있는데 택배로 보내기가 힘들기 때문에 직접 가지고 가셔야 합니다. (㉡   ). 제 연락처는 010-1234-1234입니다.

㉠	
㉡	

2.

⏳ ____ 분 ____ 초

| 게시판 | | | |

경복궁 전통 문화 체험 프로그램 문의

서울에 살고 있는 외국인입니다. 저는 경복궁 전통 문화 체험 프로그램에 관심이 있습니다. 한국인 친구에게 물어보니까 이 프로그램에 신청하려면 먼저 사이트에서 회원 가입을 (㉠   ). 그런데 제가 한국말이 아직 (㉡   )? 그래도 괜찮다면 이 프로그램을 신청하고 싶습니다.

㉠	
㉡	

3.

○○○   ✉ E-mail

To. 전정국 교수님께

안녕하세요? 경영학과 3학년 제임스입니다. 내일 교수님을 찾아뵙기로 했는데요. 그런데 교수님,
(ㄱ   ). 정말 죄송합니다. 교수님, 죄송하지만 혹시
(ㄴ   )? 답장 기다리겠습니다.

제임스 올림.

ㄱ	
ㄴ	

4.

지민아, 어제 나 때문에 화가 많이 났지? 정말 미안해. 어제 점심 때까지는 우리
약속을 기억하고 있었는데 일하느라고 (ㄱ   ).
약속을 못 지켜서 정말 미안해.
다음 주 토요일, 일요일 중에 (ㄴ   )?
나는 주말에는 언제든지 괜찮아. 연락 기다릴게.

ㄱ	
ㄴ	

5.

⏳ ___분 ___초

신년회에 초대합니다

새로운 해가 시작되었습니다. 우리 학생회에서는 새해를 맞이하는 기념 행사로 1월에 (㉠). 기억에 남는 신년회가 되기 위해서 다양한 행사를 준비했습니다. 바쁘시겠지만 꼭 참석해서 자리를 빛내 주시기 바랍니다. 원활한 행사 진행을 위해 참석 여부를 아래의 메일로 (㉡).

김석진 올림.

cooltopik@hangul.co.kr

㉠	
㉡	

6.

⏳ ___분 ___초

✉ E-mail

To. 김남준 선생님께

안녕하세요? 선생님.
박지민입니다. 바쁘셨을 텐데 추천서를 써 주셔서 감사합니다.
선생님 덕분에 (㉠). 그래서 찾아뵙고 감사 인사를 드리고 싶습니다.
(㉡)? 편하신 날짜와 시간을 말씀해 주세요. 저는 언제든지 괜찮습니다.

박지민 올림.

㉠	
㉡	

7.

게시판			

언어 교환 구함

안녕하세요? 저는 한국인 23살 남자입니다. 취직 준비 때문에 영어를 공부하고 있는데 (㉠   ). 저는 한국대학교에서 한국어를 전공하고 있어서 (㉡   ). 한국 문화에 관심이 있고 한국어를 배우고 싶으신 분은 연락 주세요. 제 연락처는 010-1234-1234입니다.

㉠	
㉡	

8.

게시판			

자원 봉사자 모집

도움이 필요한 곳으로 함께 봉사 활동을 떠나고 싶으십니까? 이번에 우리 어학당에서는 자원 봉사자를 모집하려고 합니다. 우리 학교 어학당 학생이라면 (㉠   ). 신청하고 싶으신 분은 (㉡   ). 신청 접수는 이메일만 받습니다.

- 모집 기간: 2025. 1. 5. ~ 1. 9.
- 신청 방법: 어학당 홈페이지에서 다운받은 신청서 작성 후 전자우편 접수
  (cooltopik@hangul.co.kr)

㉠	
㉡	

9.   ⏳ ___분 ___초

○○○

제목	연말 파티

1반 친구들아! 2025년 한 해도 추억 속으로 저물어 가고 있구나. 한 해가 다 가기 전에 (㉠). 따뜻한 음식과 와인, 재미있는 이야기가 준비되어 있으니 우리 반 친구들 모두 참석했으면 좋겠어. (㉡)? 그 시간에 참석이 가능한지 연락 줘.

㉠	
㉡	

10.   ⏳ ___분 ___초

게시판

마스트 의무 착용 안내

안녕하세요? 고객님.
저희 매장은 코로나 바이러스 감염 방지를 위해 마스크를 반드시 (㉠).
마스크 미착용 시 매장 이용이 (㉡). 안전한 환경 유지를 위하여 협조와 양해 부탁드립니다. 그리고 매장 출입시 고객님의 주소, 전화번호를 적어 주시기 바랍니다. 개인 정보는 역학 조사에만 이용되고 4주 후 폐기됩니다.

㉠	
㉡	

memo

PART 2

52번 유형

🍥 유형 소개

52번의 글은 설명문입니다. 4~6개 문장으로 구성되어 있는 한 단락의 내용을 읽고 두 개의 빈칸에 문장을 쓰는 문제입니다. 한 단락의 전체 내용을 파악하여 적절한 내용을 문장 구조에 맞게 글로 써야 합니다. 최근 출제 경향이 앞, 뒤 문장에 '그러나, 그래도' 등의 접속사 등으로 빈칸에 들어갈 내용의 단서를 제공하고 있습니다. 그래서 앞, 뒤 문장에 있는 어휘나 문법을 가져다가 조합을 하면 답이 되는 경우가 많습니다.

※   **[51~52]** 다음을 읽고 ㉠과 ㉡에 들어갈 말을 각각 한 문장으로 쓰시오. (각 10점)

52.

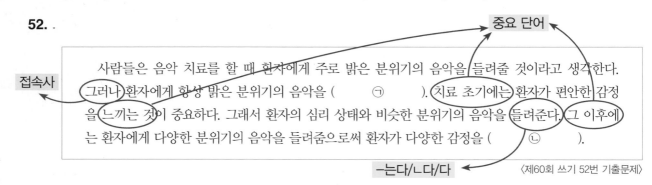

중요 단어

접속사

사람들은 음악 치료를 할 때 환자에게 주로 밝은 분위기의 음악을 들려줄 것이라고 생각한다. 그러나 환자에게 항상 밝은 분위기의 음악을 (㉠). 치료 초기에는 환자가 편안한 감정을 느끼는 것이 중요하다. 그래서 환자의 심리 상태와 비슷한 분위기의 음악을 들려준다. 그 이후에는 환자에게 다양한 분위기의 음악을 들려줌으로써 환자가 다양한 감정을 (㉡).

–는다/ㄴ다/다

〈제60회 쓰기 52번 기출문제〉

😎 COOL TIP

❶ 글의 52번은 설명문이기 때문에 격식체 반말 '–는다/ㄴ다/다'로 써야 합니다.

❶ 빈칸 앞, 뒤 문장에 있는 중요 단어나 접속사가 문제를 풀 수 있는 단서가 될 수 있습니다. 글을 읽으면서 중요 단어라고 생각되는 부분들은 표시를 해 두는 게 좋습니다.

❸ 자신이 쓴 문장이 호응이 잘 되는지, 단어를 적절하게 잘 선택했는지 다시 한번 확인해야 합니다.

알맹이 채우기 1 ┊ 문장의 호응 관계 익히기 1

🔑 　문장에서 앞에 나온 말에 맞게 뒤에 나오는 말을 적절하게 쓰는 것을 호응이라고 합니다. 문장을 이루고 있는 여러 성분들이 서로 호응 관계가 일치하지 않으면 어색한 문장이 되거나 글을 쓴 사람의 의도가 잘못 전달될 수 있기 때문에 충분한 연습이 필요합니다.

📋 연습 문제

※ 　다음 중 맞는 문장에 ✔ 하십시오.

1. 굶어서 빼는 다이어트는 건강에 안 좋기 때문에 _____.

   ㉠ 적당한 식사와 운동을 한다.
   ㉡ 적당한 식사와 운동을 해야 한다

   '–기 때문에'는 '–어야/아야 한다'와 호응합니다.

2. 신용카드의 장점은 현금이 없어도 _____.

   ㉠ 물건을 살 수 있다.
   ㉡ 물건을 살 수 있다는 것이다.

   '(장점)은/는'은 '–는 것이다'와 호응합니다.

3. 무엇보다 기분이 나쁜 것은 _____.

   ㉠ 믿었던 친구가 내 험담을 했다.
   ㉡ 믿었던 친구가 내 험담을 했다는 것이다.

   '(나쁜 것)은/는'은 '–는 것이다'와 호응합니다.

4. 자신의 생각을 애매하게 이야기하면 _____.

   ㉠ 오해가 생겼다.
   ㉡ 오해가 생길 수 있다.

   '애매하게 이야기하면'이라고 가정을 하고 있으므로 뒤 문장에는
   그 가정으로 인해 일어날 수 있는 가능성 '–을/ㄹ 수 있다'가 와야 합니다.

5. 논리적인 글을 잘 쓰기 위해서는 _____.

㉠ 어릴 때부터 책을 많이 읽는다.
㉡ 어릴 때부터 책을 많이 읽는 것이 좋다.

'-기 위해서는'은 '-는 것이 좋다(필요하다) '-어야/아야 한다'와 호응합니다.

6. 인공 지능 로봇이 교사를 대체하게 된다면 _____.

㉠ 여러 가지 문제가 발생한다.
㉡ 여러 가지 문제가 발생할 것이다.

'-는다면/ㄴ다면/다면'은 '-을 것이다', '-고 싶다' 등과 호응합니다.

7. 혼자 힘으로는 힘들겠지만 한 사람 한 사람의 의식이 바뀐다면 _____.

㉠ 이 세상은 충분히 달라졌다.
㉡ 이 세상은 충분히 달라질 수 있다.

'한 사람의 의식이 바뀐다면'이라고 가정을 하고 있으므로 뒤 문장에는
그 가정으로 인해 일어날 수 있는 가능성 '-을/ㄹ 수 있다'와 와야 합니다.

8. 사회생활을 잘 하려면 _____.

㉠ 기본적으로 적절한 거리 두기를 한다.
㉡ 기본적으로 적절한 거리 두기가 필요하다.

'-으려면/려면'은 '이/가 필요하다, '-어야/아야 한다'와 호응합니다.

9. 대중교통을 이용함으로써 _____.

㉠ 생활에서 지출되는 비용을 줄인다.
㉡ 생활에서 지출되는 비용을 줄일 수 있다.

'-음/ㅁ으로써'는 어떤 행동이 수단이나 방법이 될 경우에 사용합니다.
'대중교통 이용'이라는 행동이 '비용을 줄일 수 있는' 방법입니다.
따라서 '대중교통을 이용함으로써'의 뒤 문장에는 단정적인 표현 '줄인다'가 아닌
그 행동(대중교통 이용)으로 인해 일어날 수 있는 '-을/ㄹ 수 있다'가 와야 자연스럽습니다.

10. 배달 음식 이용이 늘어남으로써 _____.

　⊙ 일회용 쓰레기가 증가했다.
　ⓒ 일회용 쓰레기가 증가하고 있다.

'-음/ㅁ으로써'는 앞에 오는 말이 뒤에 오는 말의 이유가 될 때도 사용합니다.
'배달 음식 이용이 늘어나고 있기 때문에 뒤 문장에도 완료형 '증가했다'가 아닌 진행형 '증가하고 있다'를 써야 합니다.

11. 문법을 많이 안다고 해서 _____.

　⊙ 말을 잘 한다.
　ⓒ 말을 잘 하는 것은 아니다.

'-는다고/ㄴ다고/다고 해서'는 '-는 것은 아니다'와 호응합니다.

12. 경제가 발전함에 따라 _____.

　⊙ 생활 수준도 나빠졌다.
　ⓒ 생활 수준도 좋아졌다.

'-음/ㅁ에 따라'는 앞의 상황에 따라 뒤의 결과가 나타날 때 사용합니다.
따라서 경제가 발전(긍정적인 상황)하고 있으므로 뒤 문장에는 그에 따른 좋은 결과가 와야 합니다.

13. 위버 증권사의 예측이 계속해서 빗나감에 따라 _____.

　⊙ 고객들의 불만이 커지고 있다.
　ⓒ 투자하려는 고객이 늘어나고 있다.

예측이 빗나가고(부정적인 상황) 있으므로 뒤 문장에는 그에 따른 나쁜 결과가 와야 합니다.

14. 교통 정보에 의하면 _____.

　⊙ 오후부터 고속도로가 막힐 것이다.
　ⓒ 오후부터 고속도로가 막힐 것이라고 한다.

'에 의하면'은 간접화법 '-는다고/ㄴ다고/다고 한다'와 호응합니다.

15. 요가를 계속 하다가 보면 _____.

   ㉠ 몸이 점점 유연해졌다.
   ㉡ 몸이 점점 유연해 질 것이다.

'-다가 보면'은 '-을/ㄹ 것이다'와 호응합니다.

16. 그 정당이 선거에서 실패한 까닭은 _____.

   ㉠ 국민들의 정서를 제대로 못 읽었다.
   ㉡ 국민들의 정서를 제대로 못 읽었기 때문이다.

'까닭'은 '-기 때문이다'와 호응합니다.

17. 최근 바이러스 감염 문제로 해외여행은 크게 주는 데 반해 _____.

   ㉠ 국내 여행은 늘고 있다.
   ㉡ 국내 여행도 줄고 있다.

'-는/ㄴ/은 데 반해'는 상반되는 내용을 쓸 때 사용합니다. 앞 문장에는 해외여행이 줄고 있다는
내용이 있으므로 뒤 문장에는 앞 문장과 상반되는 내용이 와야 합니다.

18. 중요한 일이니만큼 _____.

   ㉠ 실수를 많이 해 버렸다.
   ㉡ 실수하지 않도록 꼼꼼히 준비해야 한다.

'-으니/니만큼'은 앞에 오는 말을 인정하며 그것이 뒤에 오는 말의
원인이나 근거가 될 때 사용합니다. '-으니/니만큼'의 '-으니/니'는 '-으니까/니까'를 나타내므로
뒤 문장에는 '-어야/아야 한다', '-으세요/세요'. '-읍시다/ㅂ시다' 등과 함께 쓸 수 있습니다.

19. 아무리 좋은 약이라고 해도 _____.

   ㉠ 오랫동안 몇 개씩 먹으면 부작용이 생겼다.
   ㉡ 오랫동안 몇 개씩 먹어서 부작용이 생길 것이다.

'-는다고/ㄴ다고/다고 해도'는 앞의 내용으로 예상할 수 있는 결과와 다른 내용이 올 때 사용합니다.

20. 두 나라의 정상이 만났더라면 _____.

   ㉠ 역사는 바뀌었다.
   ㉡ 역사는 바뀌었을 것이다.

'-었더라면/았더라면'은 '-었을/았을 것이다'와 호응합니다.

알맹이 채우기 2 : 문장의 호응 관계 익히기 2

🔑 대부분의 학습자가 작성한 문장은 의미는 통하지만 문장의 호응 관계를 제대로 익히지 않아 비문을 만들어 내는 경우가 많습니다. 시험에 자주 나왔던 표현들을 위주로 집중적으로 연습하여 정확하고 자연스러운 문장 구조를 익혀야 합니다.

📝 연습 문제

※ 문장의 호응이 잘 되도록 뒤의 문장을 완성하십시오.

> 동사·형용사 기 때문에 동사·형용사 어야/아야 한다.

1. 노후에는 노동의 기회가 줄어들기 때문에 _____.

(젊었을 때 / 돈 / 모으다)

2. 무리한 운동을 하다가 다칠 수도 있기 때문에 _____.

(자기 / 맞는 운동 / 골라서 하다)

> 명사 은/는 동사·형용사 는다는/ㄴ다는/다는 것(점)이다.
> 명사 이다.

3. 인터넷 쇼핑의 장점은 _____.

(시간과 장소 / 관계없이 / 할 수 있다)

4. 면접을 볼 때 무엇보다도 중요한 것은 _____.

(자신감이 있다 / 태도)

동사·형용사 으면/면	동사·형용사 을/ㄹ 수 있다

5. 평균 수면 시간이 짧으면 _____.

(면역력 / 떨어지다)

6. 운동을 하면서 스트레스를 받으면 _____.

(건강 / 더 / 해롭다)

동사 기 위해서는	동사·형용사 는/은/ㄴ 것이 좋다
	명사 이/가 필요하다

7. 장수하기 위해서는 _____.

(소식하다 / 좋다)

8. 치매를 예방하기 위해서는 _____.

(보다 / 적극적이다 / 대비와 관리)

동사 는다면/ㄴ다면	
형용사 다면	동사·형용사 을/ㄹ 것이다

9. 시험 준비를 제대로 한다면 _____.

(좋다 / 결과 / 얻다)

10. 지구의 온도가 상승한다면 _____.

(폭우 / 폭염 / 기상 이변 / 나타나다)

> 동사 음/ㅁ으로써　동사·형용사 을/ㄹ 수 있다

11. 대화를 통해 서로 이해하려고 노력함으로써 _____.

(세대 차이 / 좁히다)

12. 여러 분야의 책을 읽음으로써 _____.

(다양하다 / 간접 경험 / 하다)

> 동사 는다고/ㄴ다고 해서
> 형용사 다고 해서　　동사·형용사 는/은/ㄴ 것은 아니다

13. 한국 사람이라고 해서 _____.

(한국어 문법 / 제대로 / 알다)

14. 싸다고 해서 _____.

(질 / 다 / 나쁘다)

> 동사 음/ㅁ에 따라　앞의 내용에 따른 뒤의 결과

15. 원유 가격이 폭등함에 따라 _____.

(원자재 가격 / 오르다)

16. 일하는 여성이 늘어남에 따라 _____.

(출산율 / 낮아지다)

| 명사 에 의하면 | 동사 는다고/ㄴ다고 한다 |
| | 형용사 다고 한다 |

17. 서울시 관계자에 의하면 _____ .

(내일 / 음주 단속 / 실시하다)

18. 신문 기사에 의하면 _____ .

(한국 / 방문하다 / 일본 여행객 / 50% / 줄다)

| 동사 다가 보면 | 동사 을/ㄹ 수 있다(-을/ㄹ 것이다) |

19. 어떤 일을 열심히 하다가 보면 _____ .

(그 분야 / 전문가 / 되다)

20. 운동을 꾸준히 하다가 보면 _____ .

(체중 / 줄어들다 / 건강 / 좋아지다)

| 동사·형용사 는/은/ㄴ 까닭은 | 동사·형용사 기 때문이다 |

21. 이번 프로젝트가 실패한 까닭은 _____ .

(팀원들 간 / 의사소통 / 잘 안되다)

22. 경제 위기가 되풀이되는 까닭은 _____ .

(정부 / 과거의 경제 상황 / 살펴보지 않다)

동사·형용사 는/은/ㄴ 데 반해   앞 문장의 내용과 반대되는 내용

---

23. 지하철은 _____ .

(빠르다 / 편하다 / 좋다 / 출퇴근 시간 / 많은 사람 / 이용하다 / 불편하다)

24. 대도시 인구는 _____ .

(증가하다 / 농어촌의 인구 / 줄어들다)

동사·형용사 으니/니만큼

명사 이니/니만큼   동사·형용사 어야/아야 한다

---

25. 소비자들의 눈이 높아졌으니만큼 _____ .

(상품 / 차별화되다 / 요소 / 가지고 있다)

26. 청소년들이 보는 영상이니만큼 _____ .

(유해하다 / 장면 / 피하다)

동사 는다고/ㄴ다고 해도

형용사 다고 해도   앞의 내용으로 예상할 수 있는 결과와 다른 내용

명사 이라고/라고 해도

---

27. 인공 지능이 아무리 뛰어나다고 해도 _____ .

(인간 / 뛰어넘다)

28. 평소 건강하다고 해도 _____ .

(잘 / 관리하지 않다 / 건강 / 나빠지다)

| 동사·형용사 었/았더라면 | 동사·형용사 었을/았을 것이다. |

29. 어렸을 때부터 영어 조기 교육을 했더라면 _____ .

(지금 / 훨씬 / 영어 / 잘하다)

30. 시간 관리를 제대로 했더라면 _____ .

(지금처럼 / 시간 / 쫓기지 않다)

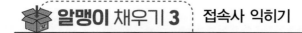

알맹이 채우기 3 ┊ 접속사 익히기

🔑　52번 문제는 글에 제시된 '그러나', '그런데', '그러므로' 등의 다양한 접속사를 보고 정답을 찾아야 하므로 접속사의 정확한 의미를 파악하고 있어야 합니다. 52번에서 자주 보이는 접속사는 다음과 같습니다.

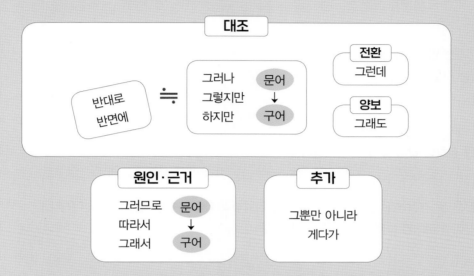

　'그러므로', '따라서', '그래서'는 앞에서 말한 내용이 뒤의 내용의 이유나 원인, 근거가 될 때 사용합니다. '그래서'는 글을 쓸 때, 말을 할 때 모두 사용하지만, '그러므로'와 '따라서'는 문어적인 느낌이 강한 접속사입니다.

　'그러나', '그렇지만', '하지만'은 앞의 내용과 뒤의 내용이 상반될 때 사용합니다. '그런데'도 앞, 뒤 상반되는 내용을 나타낼 때도 사용하지만 다른 방향으로 이야기를 전개해 나갈 때도 사용합니다. 예를 들어 '아, 그렇구나. 그런데 너 숙제는 했어?', '날씨가 많이 추워졌다. 그런데 부모님은 건강하시지?' 와 같이 화제를 전환할 때 입말에서 흔하게 사용합니다. 그리고 '그러나', '그렇지만', '하지만', '그런데'는 글말과 입말에서 모두 사용하지만 '그러나'는 글말에 많이 쓰이는 표현입니다.

　'그래도'는 '그러하다'에 –어도/아도'가 결합한 양보의 접속사입니다. 앞 내용을 통해 공동으로 인식할 수 있는 일반적인 예상과는 다를 때 사용합니다. 예를 들어 '큰소리로 그 사람을 불렀다. 그래도 대답이 없었다.' '춤을 잘 못추십니까? 그래도 걱정하지 마십시오'와 같이 앞 문장의 기대와 다른 상황이 올 때 사용합니다.

　'그뿐만 아니라', '게다가'는 앞 내용을 뒤 문장에 덧붙일 때 사용합니다.

※ 빈칸에 들어갈 접속사를 쓰십시오.

1. 방학 잘 보냈어? _____ 너 내가 부탁한 책 가져 왔니?

2. 한 달간 쉬지 않고 일을 하였다. _____ 병이 난 것 같다.

3. 전철 안에는 임산부를 위한 배려석이 설치되어 있다. _____ 임산부가 아닌 사람들이 많이 앉아 있는 것을 볼 수 있다.

4. 우리 주변에는 초콜릿, 사탕, 요구르트 등 설탕이 많이 들어간 음식이 많다. _____ 이러한 음식에만 설탕이 많이 들어간 것은 아니다.

5. 텔레비전은 눈 건강에도 안 좋을 뿐만 아니라 기억력과 학습에 부정적인 영향을 미친다. _____ 텔레비전이 우리에게 나쁜 영향만을 끼치는 것은 아니다.

6. 우리 춤 동아리에 들어오십시오. 춤을 잘 못 추십니까? _____ 걱정하시 마십시오. 기초부터 천천히 가르쳐 드립니다.

7. 게임을 많이 하면 정신 건강에 좋지 않다. _____ 우리는 게임하는 시간을 정해놓고 해야 한다.

8. 당신을 만든 것은 자기 자신이다. _____ 당신을 바꾸는 것도 자기 자신이어야 한다.

9. 악성 댓글이 끊이지 않는 것은 처벌이 강하지 않기 때문이다. _____ 악플로 인한 피해를 막으려면 확실한 처벌을 통해 경각심을 높여야 한다.

10. 유튜브는 무료로 동영상을 시청할 수 있다. _____ 유튜브 댓글을 통해서 정보를 공유하고 소통할 수 있다.

 **알맹이 채우기 4** : 격식체 반말 익히기

🔑 51번은 다양한 생활문이어서 제시되어 있는 글에 따라 문장의 종결어미가 달랐지만 52번의 글은 설명문이기 때문에 모든 문장의 종결어미가 '-는다/ㄴ다/다'로 끝납니다. 격식체 반말 '-는다/ㄴ다/다' 활용 형태를 익히고 자주 틀리는 부분을 체크해 두어야 합니다.

현재형		기본형	격식체 반말
동사	-는다/ㄴ다	먹다 가다 만들다	먹는다 간다 만든다
형용사	-다	어렵다 크다 필요하다	어렵다 크다 필요하다
명사	-이다	학생이다 목표이다	학생이다 목표이다

과거형		기본형	격식체 반말
동사 형용사	-었다/았다	읽다 사다 생각하다 살다	읽었다 샀다 생각했다 살았다
		많다 행복하다 다르다	많았다 행복했다 달랐다
명사	-이었다/였다	걱정이다 문제이다	걱정이었다 문제였다

미래형		기본형	격식체 반말
동사 형용사	-을/ㄹ 것이다	놓다 나타나다 차지하다	놓을 것이다 나타날 것이다 차지할 것이다
		작다 쉽다 중요하다	작을 것이다 쉬울 것이다 중요할 것이다
명사	-일 것이다	방법이다 태도이다	방법일 것이다 태도일 것이다

부정형		기본형	격식체 반말
동사	-지 않는다	만들지 않다 보지 않다	만들지 않는다 보지 않는다
형용사	-지 않다	적지 않다 궁금하지 않다	적지 않다 궁금하지 않다
명사	-이/가 아니다	역할이 아니다 문제가 아니다	역할이 아니다 문제가 아니다

☀ COOL TIP

1 불규칙 동사는 어떻게 활용할까요?

ㄹ 동사

'ㄹ 동사' 뒤에 'ㅅ, ㄴ, ㅂ'으로 시작하는 문형이 오면 'ㄹ'이 없어집니다.

·**만들어요(만들다)** → 만든다 ○ – 만들는다 ✕	·**살아요(살다)** → 산다 ○ – 살는다 ✕
·**알아요(알다)** → 안다 ○ – 알는다 ✕	·**팔아요(팔다)** → 판다 ○ – 팔는다 ✕

ㄷ 동사

'ㄷ 동사' 뒤에 모음으로 시작되는 문형이 오면 'ㄷ' 받침이 'ㄹ' 받침으로 바뀝니다. 격식체 반말 '-는다/ㄴ다/다'는 모음으로 시작되지 않기 때문에 'ㄹ'로 바뀌지 않습니다.

·**걸어요(걷다)** → 걷는다 ○ – 걸는다 ✕	·**들어요(듣다)** → 듣는다 ○ – 들는다 ✕

2 동사일까요? 형용사일까요?

'필요하다'는 동사? 형용사?

많은 학생들이 '필요하다, 중요하다, 깨끗하다, 가능하다, 유명하다'를 동사로 착각하여 활용하는 경우가 많습니다. 아마 단어에 '하다'가 있어서 그런 것이지요. 이 단어들은 동사가 아닌 형용사이므로 활용할 때 주의하셔야 합니다.

·**필요해요** → 필요하다 ○ – 필요한다 ✕	·**중요해요** → 중요하다 ○ – 중요한다 ✕

'있다'는 동사? 형용사?

'있다', '없다'는 형용사로 분류됩니다. 따라서 격식체 반말은 아래와 같습니다.

·**있어요** → 있다 ○ – 있는다 ✕	·**없어요** → 없다 ○ – 없는다 ✕

그런데 유의할 점은 격식체 반말에서는 '있다', '없다'가 형용사로 활용되지만 '있다'의 경우 '우리 교실에 있자', '집에 있어라'처럼 동사로 활용되기도 합니다.

'싶다'는 동사? 형용사?

'고 싶다'의 싶다는 형용사이고, '고 싶어하다'의 '싶어하다'는 동사입니다.

·**싶어요** → 싶다 ○ – 싶는다 ✕	·**싶어해요** → 싶어한다 ○ – 싶어하다 ✕

📝 연습 문제

※ 다음을 단어를 보고 '–는다/ㄴ다/다'의 형태로 바꿔 써 보세요.

	–는다/ㄴ다/다		–는다/ㄴ다/다
쉬워요		싶어요	
어렵지 않아요		하면 돼요	
없어요		몰라요	
힘들어요		뛰어나요	
가지 않아요		좋아요	
나아요		달라져요	
필요해요		싶어해요	
중요해요		조사해요	
알아요		나타나요	
있어요		달라요	
바라요		생각해요	
해야 해요		느껴져요	
빨라요		좋아해요	
(돈이) 들어요		나와요	
유명해요		가능해요	
궁금해요		감사해요	

🔑 52번은 첫 문장을 읽고 전체 내용을 추측하면서 읽어 보는 것이 좋습니다. 읽어 내려 갈 때는 중요한 단어에 _____(밑줄)을 그으면서 읽어 내려 갑니다. 특히 빈칸의 앞, 뒤 문장에서 접속사나 중요한 표현들을 주의 깊게 보셔야 합니다.

📝 연습 문제

⏳ _____ 분 _____ 초

※ 다음을 읽고 ㉠과 ㉡에 들어갈 수 있는 말을 모두 고르십시오.

> 사람들은 음악 치료를 할 때 환자에게 주로 밝은 분위기의 음악을 들려줄 것이라고 생각한다. 그러나 환자에게 항상 밝은 분위기의 음악을 (㉠   ). 치료 초기에는 환자가 편안한 감정을 느끼는 것이 중요하다. 그래서 환자의 심리 상태와 비슷한 분위기의 음악을 들려준다. 그 이후에는 환자에게 다양한 음악을 들려줌으로써 환자가 다양한 감정을 (㉡   ).

〈제60회 쓰기 52번 기출문제〉

52.	㉠
	㉡

해설

㉠ 먼저 ㉠ 앞에 있는 **접속사**를 확인합니다. ㉠ 앞에 '그러나'가 있기 때문에 빈칸에는 **앞 문장과 반대되는 내용**을 쓰면 됩니다. ㉠의 앞 문장에는 '음악 치료를 할 때 환자에게 주로 밝은 분위기의 음악을 들려줄 것이다'라는 내용이 있으므로 이와 반대되는 내용을 ㉠에 쓰면 됩니다.

㉡ ㉠ 다음에 오는 문장 속에서 **핵심이 되는 단어**들을 빨리 체크합니다. 여기에서는 '치료 초기', '느끼는 것', '그 이후'가 중요 단어라고 할 수 있습니다. '치료 초기에는' 환자의 편안한 감정을 느끼게 하기 위해서 **환자의 상태와 비슷한 음악**을 들려주면서 치료를 하고 '그 이후에는' **다양한 음악**을 들려준다고 했습니다. 따라서, ㉡에는 왜 다양한 음악을 들려주려고 하는지 앞 문장의 중요 단어를 활용해서 쓰면 됩니다.

정답

52.	㉠ 들려주지는 않는다 / 들려주는 것은 아니다
	㉡ 느끼게 해 준다 / 느끼도록 한다 / 느끼게 한다

☀ COOL TIP

❶ 답안을 쓸 때는 자기 나라 말로 한번 생각해 보고 써 보는 것도 하나의 방법입니다.

❷ 한국어로 문장을 쓴 후에는 주어와 서술어, 목적어와 서술어, 조사와 서술어 등 호응이 잘 되는지, 맞춤법에 잘 맞게 썼는지 확인을 합니다.

❸ 가능한 한 1, 2급 수준의 간단한 문장보다는 3, 4급 수준의 문장으로 쓰는 것이 좋습니다.

※ 다음을 읽고 ㉠과 ㉡에 들어갈 말을 각각 한 문장으로 쓰십시오.

1.　　　　　　　　　　　　　　　　　　　　　　　　　　　⌛ ____분 ____초

> 　전자책이 가지고 있는 장점은 적지 않다. 우선 (　　　㉠　　　). 반면에 종이책은 두꺼운 책 몇 권만 가방에 넣고 다녀도 어깨나 팔이 아프다. 그 다음으로 (　　　㉡　　　). 종이책은 영업 시간에 맞춰 서점에 가서 책을 구매해야 하기 때문에 시간에 구애를 받는다.

㉠	
㉡	

2.　　　　　　　　　　　　　　　　　　　　　　　　　　　⌛ ____분 ____초

> 　운동은 언제 하는 것이 우리 몸에 가장 좋을까? 아침에는 간단한 스트레칭이나 느린 속도로 걷는 것이 좋다. 그러나 아침에 (　　　㉠　　　). 왜냐하면 갑자기 하는 근육 운동이나 힘든 운동은 하루 종일 피곤함을 주기 때문이다. 그런데 오후 저녁 때가 되면 운동하기 적절한 컨디션으로 변한다. 따라서 (　　　㉡　　　)

㉠	
㉡	

3.

⏳ _____ 분 _____ 초

커피는 카페인 성분 때문에 정신을 맑게 해주는 데에 도움이 된다. 그러나 커피를 잠들기 전에 마시면 (　　　　㉠　　　　). 왜냐하면 잠자는 동안에도 뇌를 자주 각성 시키기 때문이다. 따라서 평소 수면에 어려움을 겪고 있다면 (　　　　㉡　　　　).

㉠	
㉡	

4.

⏳ _____ 분 _____ 초

각 나라마다 몸짓 언어를 나타내는 방식에는 차이가 있다. 윗사람에게 야단을 맞을 때 미국은 (　　　　㉠　　　　). 왜냐하면 상대방의 눈을 쳐다보지 않으면 자신의 말에 집중하지 않는다고 생각하기 때문이다. 반면에 한국은 (　　　　㉡　　　　). 상대방의 눈을 쳐다보면 윗사람의 말에 반항한다고 생각한다.

㉠	
㉡	

5.

자기 소개서를 쓸 때 가장 중요한 것은 자신의 강점과 약점이 무엇인지 정확하게 파악하고 있어야 한다. 그런데 자기 소개서를 쓰다가 보면 스스로 어떤 역할이 주어지더라도 모든 걸 잘 해낼 수 있는 사람처럼 묘사한다. 하지만 사람이란 (㉠   ). 따라서 자기 소개서를 쓸 때는 지원자의 강점만 쓸 게 아니라 자신의 약점을 솔직하게 쓰되 (㉡   ).

㉠	
㉡	

6.

일반적으로 성격에 영향을 미치는 요인으로 크게 두 가지가 있다. (㉠   ). 이것은 자신의 부모로부터 물려받은 것으로 평생 바뀌지 않는다. 다른 하나는 (㉡   ). 이는 주변 환경에 따라 성격이 달라진다. 따라서 인간은 살아가면서 선천적 요인과 후천적 요인으로 끊임없이 영향을 받기 때문에 인간이 가지고 있는 성격은 매우 다양하고 복잡하다.

㉠	
㉡	

7.

> 과거의 전화는 통화의 기능만 가지고 있었으나 지금은 정보 통신 기술이 발달함에 따라 게임, 문자, 영상 통화, 인터넷 등이 가능해지고 있다. 예를 들면 인터넷을 이용하여 (㉠). 하지만 정보 통신의 발달은 (㉡). 정보의 양이 많아지면서 원하는 정보를 찾는데 어려움이 있고 여러 유형의 사이버 범죄도 많이 늘어나고 있다.

㉠	
㉡	

8.

> '싼 게 비지떡'이라는 말이 있다. 값이 싼 물건은 품질이 나쁘다는 말이다. 그래서 실제로 사람들은 (㉠). 왜냐하면 가격이 저렴한 것은 좋지 않은 재료를 사용할 것이라는 생각을 갖고 있기 때문이다. 하지만 (㉡). 값이 싼 물건 중에도 물건 값 이상의 값어치를 하는 경우가 많다.

㉠	
㉡	

9.

공부할 때 음악을 들으면 방해가 된다고 생각하는 사람들이 있는가 하면 (㉠   ). 연구 결과에 따르면 음악이 매우 시끄럽거나 가사가 있으면 공부에 방해가 된다고 한다. 반면에 가사가 있어도 음악이 조용하면 공부에 집중하는 데에 도움이 된다고 한다. 따라서 음악을 들으면서 공부할 때는 (㉡   ).

㉠	
㉡	

10.

어려운 문제를 직면했을 때 그 일을 대하는 우리의 태도는 크게 두 가지이다. 하나는 (㉠   ). 다른 하나는 자신이 문제를 직접 해결하기보다는 자신보다 문제 해결을 잘 할 수 있는 사람을 통해 문제를 해결하는 것이다. 그런데 연구 조사에 의하면 스스로 문제를 해결하는 사람이 성공할 가능성이 높다고 한다. 반면에 (㉡   ). 그러므로 무슨 일이든지 시간이 오래 걸리더라도 스스로 고민하며 문제를 풀어나가는 것이 좋다.

㉠	
㉡	

PART 3

53번 유형

🔵 유형 소개

53번 문제는 표에 나와 있는 정보와 그래프를 보고 5~6 문장으로 표현하는 문제입니다. 문제에 제시되어 있는 정보를 완전한 문장으로 바꾸는 연습과 그래프를 분석하는 표현을 익힌다면 51번, 52번보다 더 빠르고 쉽게 풀어나갈 수 있는 문제입니다.

53. 다음을 참고하여 '인주시의 자전거 이용자 변화'에 대한 글을 200~300자로 쓰시오. 단, 글의 제목을 쓰지 마시오. (30점)

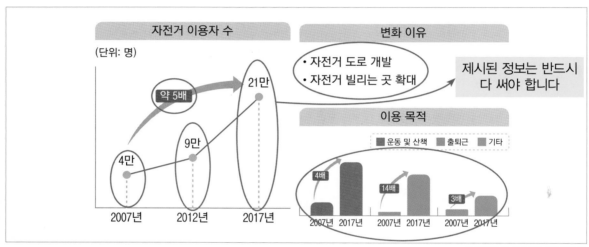

〈제60회 쓰기 53번 기출문제〉

☀ COOL TIP

 격식체 반말 '―는다/ㄴ다/다'로 써야 합니다.

2 제시되지 않은 정보는 쓰지 않도록 하고 제시된 정보는 반드시 다 써야 합니다.

3 그래프를 분석할 때 쓰는 표현들을 사용하여 문장을 완성해야 합니다.

4 자기의 생각으로 글을 마무리하면 안 됩니다. 문제에 기대, 전망, 이유가 언급이 되었을 때 그 내용을 가지고 글을 마무리하면 됩니다.

🔑 53번, 54번 문제의 답안은 원고지에 써야 합니다. 원고지 사용법에 맞지 않게 썼다고 해서 점수에 크게 영향을 미치는 것은 아닙니다. 그러나 내용이 아무리 좋더라고 띄어쓰기를 틀리거나 원고지 사용 법에 맞지 않게 쓰면 글의 완성도도 떨어져 채점자에게 좋은 인상을 주기 어렵습니다.

① 원고지는 한 칸에 한 글자씩 쓰는 것이 원칙입니다.

한	국	어	능	력	시	험

② 숫자는 한 칸에 두 자씩 씁니다.

20	21	년

15	.5	%

③ 문단이 시작될 때는 반드시 한 칸 들여 쓰고, 쉼표(,)와 마침표(.)는 다음 칸을 비우지 않습니다.

	결	혼	문	화	연	구	소	에	서		20	대		이	상		성	인
남	녀		30	00	명	을		대	상	으	로	'	아	이	를		꼭	낳
아	야		하	는	가	'	에		대	해		조	사	하	였	다	.	그

	남	자	는	'	자	유	로	운		생	활	을		위	해	서	'	라	고
응	하	였	다	.															

④ 영어의 대문자는 한 칸에 한 글자, 소문자는 한 칸에 두 글자를 씁니다.

T	es	t		of		P	ro	fi	ci	en	cy		in		K	or	ea	n
km		S	N	S														

※ 다음 글을 원고지에 써 봅시다.

> 　　온라인 쇼핑 시장의 변화에 대해 조사한 결과, 온라인 쇼핑 시장의 전체 매출액은 2014년 46조 원,
> 2018년에 92조 원으로 4년 만에 크게 증가한 것으로 나타났다. 사용 기기에 따른 매출액은 컴퓨터의
> 경우 2014년에 32조 원, 2018년에 39조 원으로 소폭 증가한 반면, 스마트폰은 2014년에 14조 원, 2018년
> 에 53조 원으로 매출액이 큰 폭으로 증가하였다. 이와 같이 온라인 쇼핑　　　이 변화한 원인은 온라인
> 으로 다양한 상품 구매가 가능해졌고 스마트폰이 컴퓨터에 비해 쇼핑 접근　이 높아졌기 때문이다.

〈제64회 쓰기 53번 기출문제 모범 답안〉

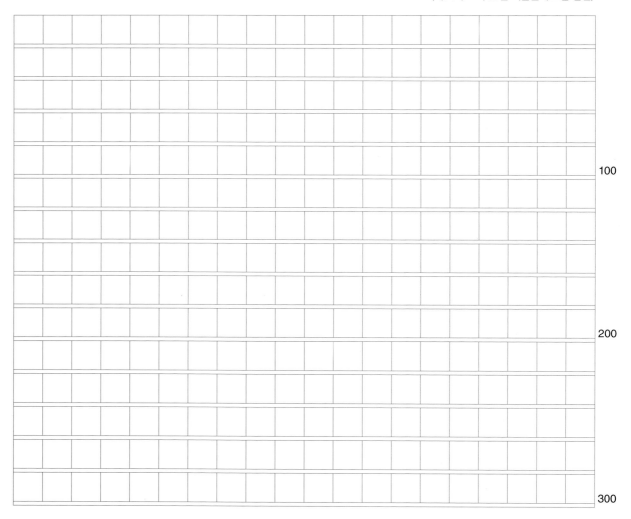

　온라인 쇼핑 시장의 변화에 대해 조사한 결과, 온라인 쇼핑 시장의 전체 매출액은 2014년 46조 원, 2018년에 92조 원으로 4년 만에 크게 증가한 것으로 나타났다. 사용 기기에 따른 매출액은 컴퓨터의 경우 2014년에 32조 원, 2018년에 39조 원으로 소폭 증가한 반면, 스마트폰은 2014년에 14조 원, 2018년에 53조 원으로 매출액이 큰 폭으로 증가하였다. 이와 같이 온라인 쇼핑 시장이 변화한 원인은 온라인으로 다양한 상품 구매가 가능해졌고 스마트폰이 컴퓨터에 비해 쇼핑 접근성이 높아졌기 때문이다.

 그래프 분석해서 쓰기

▷ 그래프 유형 (1) | 두 시점을 비교할 때

전체 매출액

(단위: 원)

92조

46조

2014년　　2018년

〈제64회 53번 기출문제〉

<u>연도</u> 년에 <u>숫자</u> , <u>연도</u> 년에 <u>숫자</u> 으로/로 <u>기간</u> 만에(동안) ＿＿＿＿＿＿＿은/ㄴ 것으로 나타났다.

약___배	증가하다
크게	감소하다
꾸준히	늘어나다
대폭	줄어들다
소폭	

↓

<u>2014년</u>에 <u>46조</u> 원, <u>2018년</u>에 <u>92조</u> 원으로 <u>4년</u> 만에 약 <u>2배</u> 증가한 것으로 나타났다.

📝 연습 문제

1.

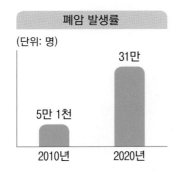

조사 결과를 살펴보면 _____

_____

_____

_____

_____

2.

조사 결과를 살펴보면 _____

_____

_____

_____

_____

3.

조사 결과를 살펴보면 _____

_____

_____

_____

_____

4.

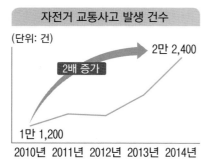

자전거 교통사고 발생 건수

(단위: 건)

2배 증가

2만 2,400

1만 1,200

2010년 2011년 2012년 2013년 2014년

5.

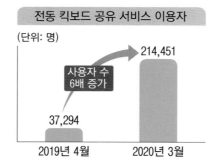

전동 킥보드 공유 서비스 이용자

(단위: 명)

사용자 수 6배 증가

214,451

37,294

2019년 4월   2020년 3월

▷ **그래프 유형 (2)** | 세 시점을 비교할 때

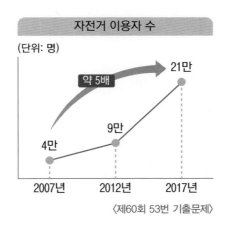

〈제60회 53번 기출문제〉

〈계속 증가하는/감소하는 그래프〉

 <u>연도</u> 년에 <u>숫자</u> 에서 , <u>연도</u> 년에는 <u>숫자</u> , <u>연도</u> 년에는 <u>숫자</u> 으로/로 <u>기간</u> 만에(동안)
_____ 은/ㄴ 것으로 나타났다.

약 ___ 배	증가하다(감소하다)
크게	상승하다(하락하다)
꾸준히, 지속적으로	올라가다(떨어지다)
대폭(소폭)	

〈증가 → 감소 / 감소 → 증가〉

 <u>연도</u> 년에 <u>숫자</u> 에서, <u>연도</u> 년에 <u>숫자</u> 으로/로 증가하다가(감소하다가) <u>연도</u> 년에는 <u>숫자</u> 으로/로
감소하였다(증가하였다).

〈증가 → 감소 → 증가 / 감소 → 증가 → 감소〉

 <u>연도</u> 년에 <u>숫자</u> 에서, <u>연도</u> 년에 <u>숫자</u> 으로 증가하였다(감소하였다). 그러나 <u>연도</u> 년에 <u>숫자</u> 으로/
로 감소하다가(증가하다가) <u>연도</u> 년에는 <u>숫자</u> 으로 다시 증가하였다(감소하였다).

<u>2007년</u>에 <u>4만</u> 명에서, <u>2012년</u>에는 <u>9만</u> 명, <u>2017년</u>에는 <u>21만</u> 명으로 <u>10년</u> 만에 <u>약 5배</u> 증가한 것으로 나타났다.

1.

전자책 구독률을 살펴보면 _____

_____

_____

_____

_____

2.

연도별 충치 환자 증가율을 살펴보면 _____

_____

_____

_____

_____

3.

연도별 영화 관객 수를 살펴보면 _____

_____

_____

_____

_____

4.

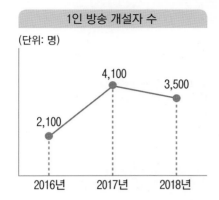

1인 방송 개설자 수

(단위: 명)

2,100 / 4,100 / 3,500

2016년 / 2017년 / 2018년

_____

_____

_____

_____

_____

5.

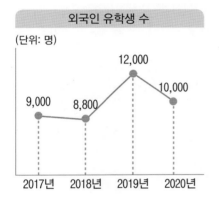

외국인 유학생 수

(단위: 명)

9,000 / 8,800 / 12,000 / 10,000

2017년 / 2018년 / 2019년 / 2020년

_____

_____

_____

_____

_____

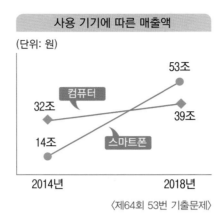

사용 기기에 따른 매출액

(단위: 원)

53조
컴퓨터
32조
39조
14조
스마트폰

2014년   2018년

〈제64회 53번 기출문제〉

 항목 1 의 경우 연도 년에 숫자 , 연도 년에 숫자 으로/로 소폭(크게, 대폭, 지속적으로) 증가한(감 소한) 반면 항목 2 은/는 연도 년에 숫자 , 연도 년에 숫자 으로/로 대폭(소폭, 다소) 증가하였다(감 소하였다).

컴퓨터의 경우 2014년에 32조 원, 2018년에 39조 원으로 소폭 증가한 반면 스마트폰은 2014년에 14조 원, 2018년에 53조 원으로 대폭 증가하였다.

📑 연습 문제

1.

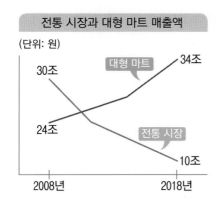

전통 시장과 대형 마트 매출액을 살펴보면 _____

_____

_____

_____

_____

2.

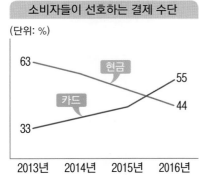

소비자들이 선호하는 결제 수단을 살펴보면 _____

_____

_____

_____

_____

3.

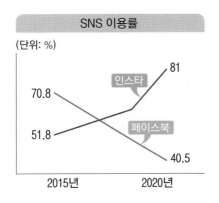

SNS 이용률을 살펴보면 _____

_____

_____

_____

_____

4.

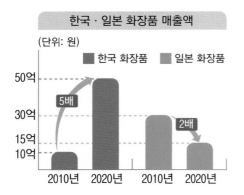

5.

▷ **그래프 유형 (4)** | 기간별로 여러 항목을 비교할 때

〈제60회 쓰기 53번 기출문제〉

　　　　　을/를 살펴보면 기간 간 항목 1 은/는 숫자 , 항목 2 은/는 숫자 , 항목 3 은/는 숫자 늘어난(줄어든) 것으로 나타났으며 　　　　　이/가 가장 높은(낮은) 증가율(감소율)을 보였다.

이용 목적을 살펴보면 10년간 운동 및 산책은 4배, 출퇴근은 14배, 기타는 3배 늘어난 것으로 나타났으며 출퇴근이 가장 높은 증가율을 보였다.

1.

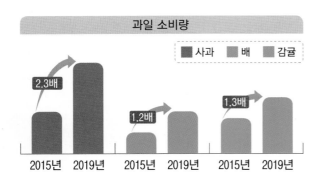

과일 소비량을 살펴보면 _____

_____

_____

_____

_____

2.

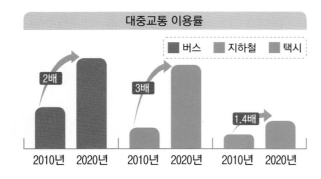

대중교통 이용률을 살펴보면 _____

_____

_____

_____

_____

3.

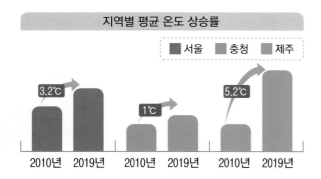

지역별 평균 온도 상승률을 살펴보면 _____

_____

_____

_____

_____

4.

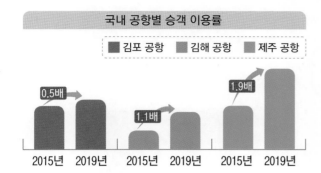

5.

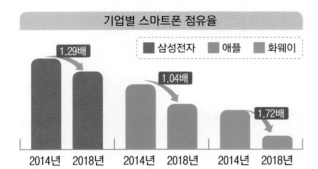

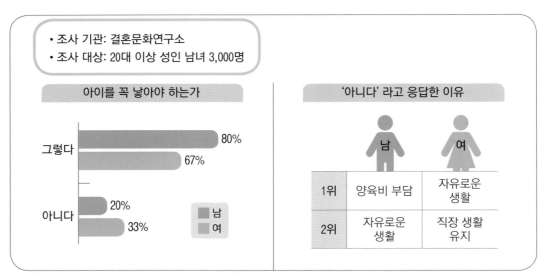

• 조사 기관: 결혼문화연구소
• 조사 대상: 20대 이상 성인 남녀 3,000명

아이를 꼭 낳아야 하는가

그렇다 80%
       67%

아니다 20%
       33%

남
여

'아니다' 라고 응답한 이유

	남	여
1위	양육비 부담	자유로운 생활
2위	자유로운 생활	직장 생활 유지

〈제52회 쓰기 53번 기출문제〉

<u>조사 기관</u> 에서 <u>조사 대상</u> 을/를 대상으로 <u>조사 내용</u> 에 대해 조사하였다.

결혼문화연구소에서 20대 이상 성인 남녀 3,000명을 대상으로 '<u>아이를 꼭 낳아야 하는가</u>'에 대해 조사하였다.

📑 연습 문제

1.

┌─────────────────────────┐
│   자원봉사를 하겠는가?   │
└─────────────────────────┘
- 조사 기관: 행정안전부
- 조사 대상: 2~30대 남녀 100명

2.

┌─────────────────────────┐
│   선호하는 기업   │
└─────────────────────────┘
- 조사 기관: 고용부
- 조사 대상: 20세 이상 남녀 500명

3.

┌─────────────────────────┐
│   자기 계발을 하고 있는가?   │
└─────────────────────────┘
- 조사 기관: 통계청
- 조사 대상: 20세 이상 남녀 500명

4.

┌─────────────────────────┐
│   아침을 챙겨 먹는가?   │
└─────────────────────────┘
- 조사 기관: 한국캘럽연구소
- 조사 대상: 남녀 1,000명

5.

┌───────────────────────────────┐
│ 육아 휴직을 사용해 본 적이 있는가? │
└───────────────────────────────┘
- 조사 기관: 행정안전부
- 조사 대상: 기혼 남녀 300명

▷ **그래프 유형 (6)** | 조사 질문에 대한 응답 내용을 분석할 때

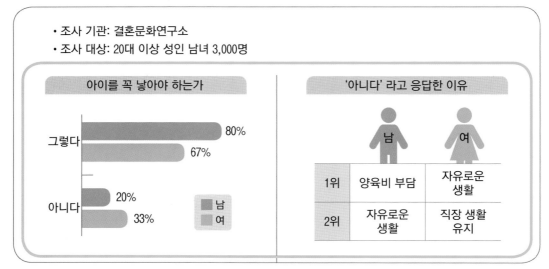

- 조사 기관: 결혼문화연구소
- 조사 대상: 20대 이상 성인 남녀 3,000명

아이를 꼭 낳아야 하는가

그렇다 80%
67%

아니다 20%
33%

남
여

'아니다' 라고 응답한 이유

남 여

	남	여
1위	양육비 부담	자유로운 생활
2위	자유로운 생활	직장 생활 유지

〈제52회 쓰기 53번 기출문제〉

그 결과 '그렇다'라고 응답한 <u>조사 대상 1</u>은 _____%, <u>조사 대상 2</u>는 _____%였다. '아니다'라고 응답한 <u>조사 대상 1</u>은 _____%, <u>조사 대상 2</u>는 _____%였다.
'아니다'라고 응답한 이유에 대해 <u>조사 대상 1</u>은 <u>이유</u>, <u>조사 대상 2</u>는 <u>이유</u>라고 응답한 경우가 가장 많았다. 이어 <u>조사 대상 1</u>은 <u>이유</u>, <u>조사 대상 2</u>는 <u>이유</u>라고 응답하였다.

그 결과 '그렇다'라고 응답한 <u>남자는 80%</u>, <u>여자는 67%</u>였다. '아니다'라고 응답한 <u>남자는 20%</u>, <u>여자는 33%</u>였다. '아니다'라고 응답한 이유에 대해 <u>남자</u>는 '<u>양육비가 부담이 되어서</u>', <u>여자</u>는 '<u>자유로운 생활을 위해서</u>'라고 응답한 경우가 가장 많았다. 이어 <u>남자</u>는 '<u>자유로운 생활을 위해서</u>', <u>여자</u>는 '<u>직장 생활을 유지하기 위해서</u>'라고 응답하였다.

📋 연습 문제

1.

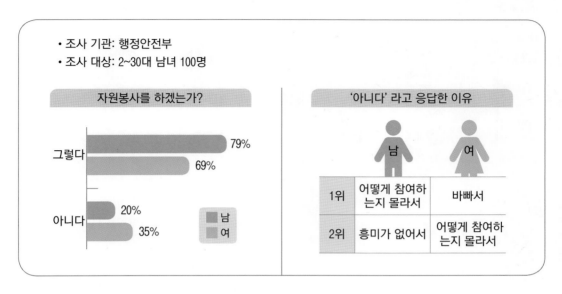

그 결과 _____

_____

_____

2.

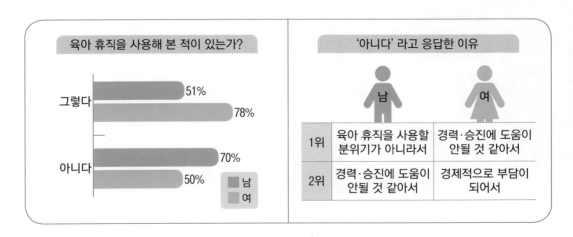

그 결과 _____

_____

_____

3.

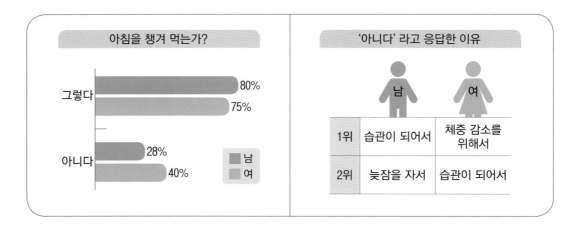

그 결과 _____

_____

_____

4.

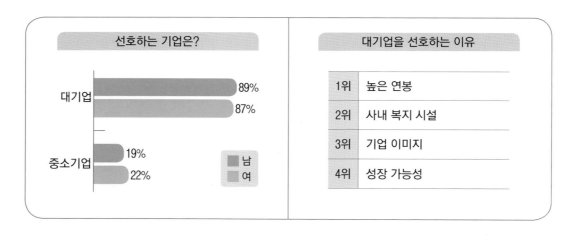

그 결과 _____

_____

_____

5.

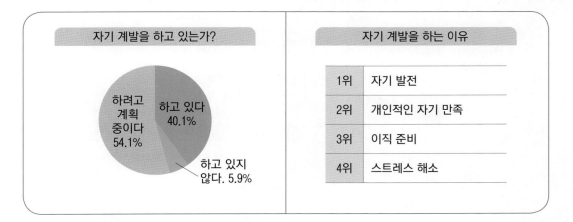

그 결과 _____

_____

_____

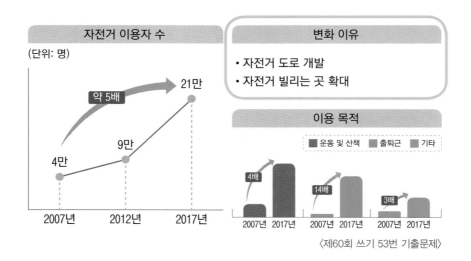

〈제60회 쓰기 53번 기출문제〉

이와 같이 변화한 이유는 <u>이유 ①, 이유 ②</u> 기 때문인 것으로 보인다.

기 때문이다.

이러한 증가의 원인은 다음과 같다. 첫째, <u>이유 ①</u> . 둘째, <u>이유 ②</u> .

- 이와 같이 변화한 이유는 <u>자전거 도로가 개발되고, 자전거를 빌리는 곳이 확대되었기 때문인 것으로 보</u>인다.
- 이러한 증가의 원인은 다음과 같다. 첫째, <u>자전거 도로가 개발되면서 자전거를 이용하는 사람이 늘었다.</u> 둘째, <u>자전거 빌리는 곳이 확대되면서 자전거 이용자 수가 증가하는 데 영향을 주었기 때문이다.</u>

📝 연습 문제

1.

영어 사교육 증가 원인

• 다양한 교류의 기회가 많음
• 취업에 유리함

이와 같이 증가한 원인은 _____

_____

_____

2.

청소년 자살 급증 원인

• 성적 스트레스
• 학교 내 따돌림

이와 같이 급증한 원인은 _____

_____

_____

3.

외국인 관광객 재방문 감소 이유

• 외국인 관광객에게 바가지 요금
• 불친절한 태도

_____

_____

_____

4.

고독사 증가 이유

• 가족이나 이웃과의 교류 단절
• 경제적인 어려움

_____

_____

_____

5.

극장 관객 수 감소 원인

• 극장 이외의 다양한 플랫폼 증가
• 영화 이외의 다양한 여가 활동

_____

_____

_____

▷ 그래프 유형 (8) | 기대(전망)에 대한 내용 풀어 쓰기

〈제47회 쓰기 53번 기출문제〉

이러한 영향이 계속된다면 <u>기대 내용</u> 을/ㄹ 것으로 기대된다(전망된다).

이러한 영향이 계속된다면 <u>2023년에는 외국인 유학생이 20만 명에 이를</u> 것으로 기대된다(전망된다).

📝 연습 문제

1.

기대	1인 가구 810만 가구 (2045년)

_____

_____

_____

2.

기대	전기차 보급 250,000대 (2055년)

_____

_____

_____

3.

기대	재활용 산업 시장 40조 원 (2030년)

_____

_____

_____

4.

전망	남성 육아 휴직자 5만 명 (2035년)

_____

_____

_____

5.

전망	온라인 쇼핑 매출액 56.2% (2024년)

_____

_____

_____

🔑 53번 문제는 원고지에 답을 써야 하기 때문에 문제를 보자마자 바로 쓰지 말고 어떠한 순서대로 쓸
지 순서를 정하고 사용할 표현들을 메모한 후에 글을 쓰는 게 좋습니다.

📝 연습 문제 ⏳ ____분 ____초

53. 다음을 참고하여 '온라인 쇼핑 시장의 변화'에 대한 글을 200~300자로 쓰시오. 단, 글의 제목을 쓰지 마시오.
(30점)

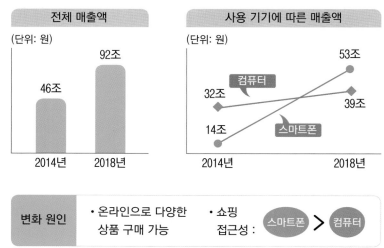

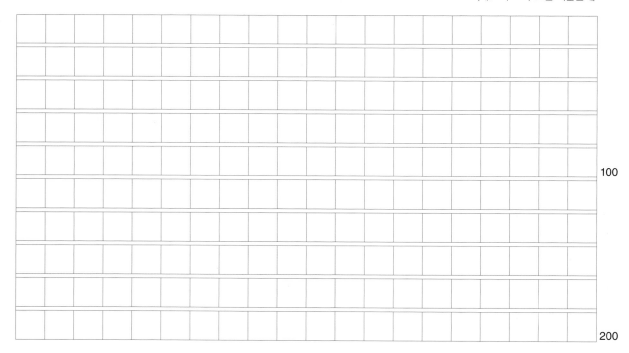

〈제64회 쓰기 52번 기출문제〉

(원고지 100, 200)

300

해설

53. 다음을 참고하여 '온라인 쇼핑 시장의 변화'에 대한 글을 200~300자로 쓰시오. 단, 글의 제목을 쓰지 마시오. (30점)

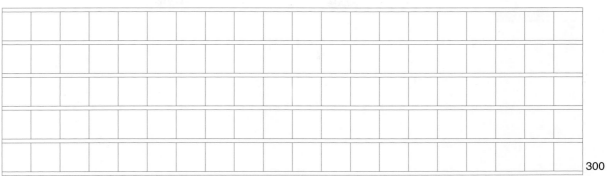

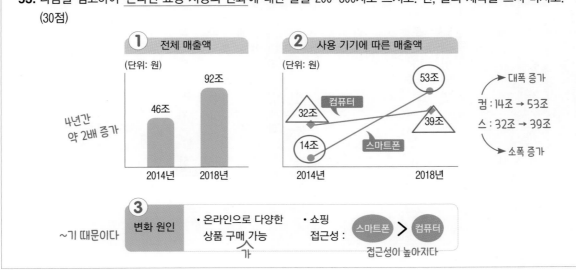

| 소제목을 보고 쓸 순서를 정한다 | → | ①번 표에 '몇 년 동안', '얼마나' 등 수치를 간단히 메모한다 | → | ②번 표에서는 각 항목에 대한 수치에 ○ △ 표시한 후 사용할 표현를 메모한다. | → | ③번 표에서는 문장을 풀어 쓸 때 사용할 표현,조사 등을 메모한다. |

　온라인 쇼핑 시장의 변화에 대해 조사한 결과 ①온라인 쇼핑 시장의 전체 매출액은 2014년 46조 원, 2018년에 92조 원으로 4년 만에 크게 증가한 것으로 나타났다. ②사용 기기에 따른 매출액은 컴퓨터의 경우 2014년에 32조 원, 2018년에 39조 원으로 소폭 증가한 반면, 스마트폰은 2014년에 14조 원, 2018년에 53조 원으로 매출액이 큰 폭으로 증가하였다. ③이와 같이 온라인 쇼핑 시장이 변화한 원인은 온라인으로 다양한 상품 구매가 가능해졌고 스마트폰이 컴퓨터에 비해 쇼핑 접근성이 높아졌기 때문이다.

☀ COOL TIP

① 그래프 수치에 나와 있는 연도와 비율은 모두 썼는지 확인해야 합니다.

② 수치는 단위(%, 명, 원 등)를 꼭 써야 합니다.

③ 증가(감소)등의 표현을 쓸 때 조사를 정확하게 써야 합니다.

④ 원고지 칸을 완전히 무시하고 쓰면 감점이 됩니다

📋 예상 문제

1. 다음을 참고하여 '폐암 발생률'에 대한 글을 200~300자로 쓰시오.   ⏳ ____분 ____초

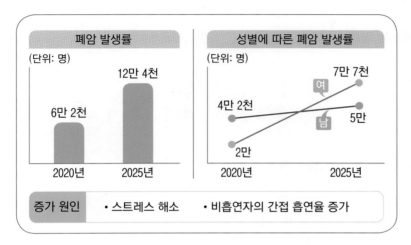

쓸 순서: 폐암 발생률
　　　　→ 성별에 따른
　　　　　폐암 발생률
　　　　→ 원인

표현: 2배 소폭(대폭) 증가하다
　　　－기 때문인 것으로 보이다

2. 다음을 참고하여 '전동 킥보드 사고 현황'에 대한 글을 200~300자로 쓰시오. ⧖ ___분 ___초

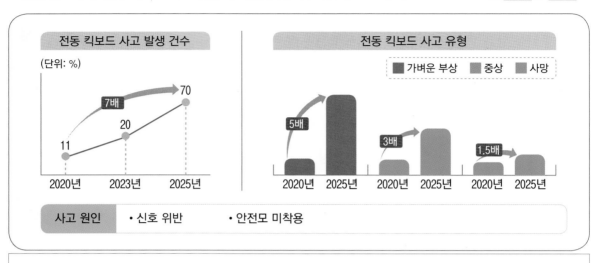

쓸 순서: 전동 킥보드 사고 발생 건수 → 전동 킥보드 사고 유형 → 원인

표현: 7배 증가하다(늘어나다) / 가장 높은 증가율을 보이다 / -기 때문이다

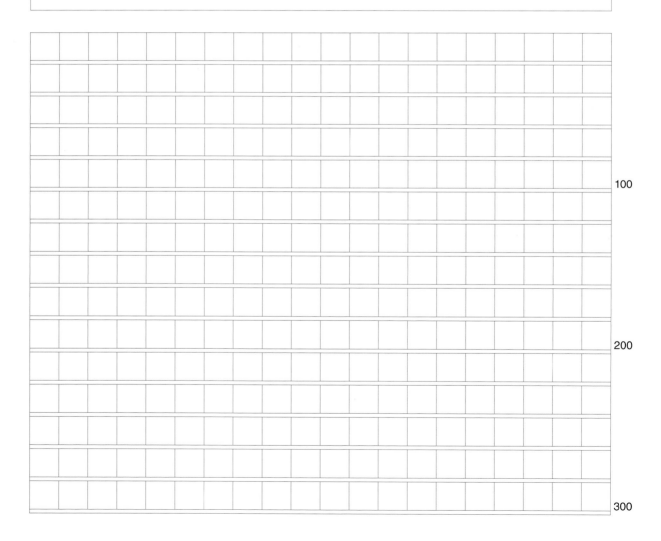

3. 다음을 참고하여 '성인 독서율'에 대한 글을 200~300자로 쓰시오.

⏳ ____분 ____초

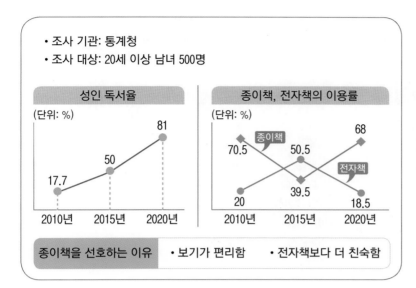

• 조사 기관: 통계청
• 조사 대상: 20세 이상 남녀 500명

성인 독서율
(단위: %)
81
50
17.7
2010년 2015년 2020년

종이책, 전자책의 이용률
(단위: %)
종이책
70.5   50.5
68
전자책
20   39.5   18.5
2010년 2015년 2020년

종이책을 선호하는 이유 • 보기가 편리함 • 전자책보다 더 친숙함

쓸 순서: 연간 독서율
→ 종이책, 전자책
이용율
→ 이유

표현: 4배 증가하다
감소하다가 ~ 증가하다

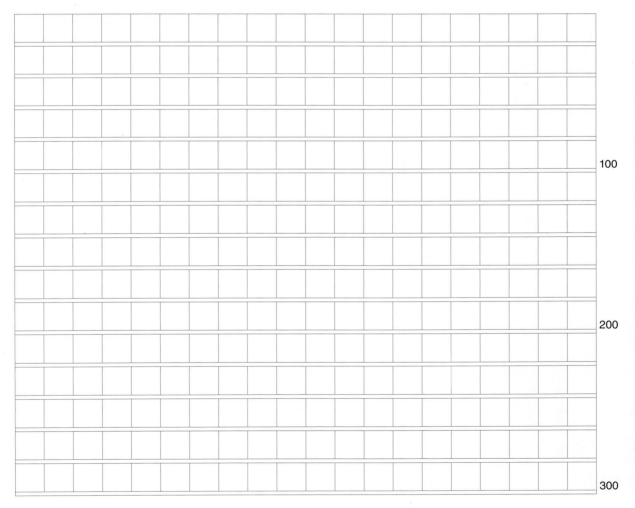

4. 다음을 참고하여 '한국에 재방문하겠는가'에 대한 글을 200~300자로 쓰시오.   ⧖ ____분 ____초

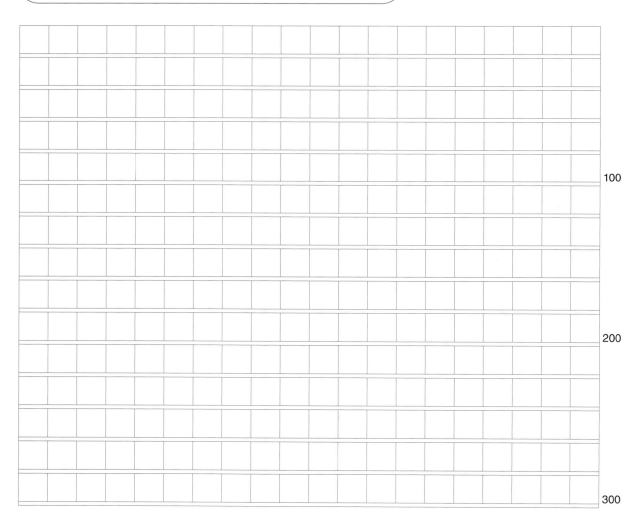

<table>
<tr><td colspan="4">• 조사 기관: 한국관광공사
• 조사 대상: 외국인 500명</td></tr>
</table>

한국에 재방문 하겠는가?

| 그렇다 | 51%
70% |
| 아니다 | 79%
61% |

남
여

'아니다' 라고 응답한 이유

	남	여
1위	쇼핑 이외에 할 것이 없어서	비싸고 불친절 해서
2위	언어 소통이 힘들어서	쇼핑 이외에 할 것이 없어서

쓸 순서: _____
→ _____
→ _____
표현: _____
_____
_____

5. 다음을 참고하여 '운동 습관'에 대한 글을 200~300자로 쓰시오.

⧗ ____ 분 ____ 초

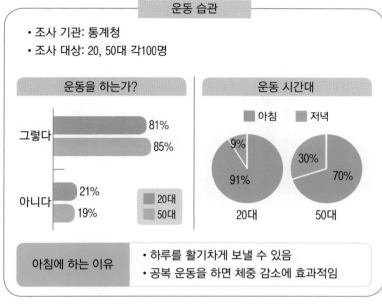

쓸 순서: _____
→ _____
→ _____
표현: _____
_____
_____
_____

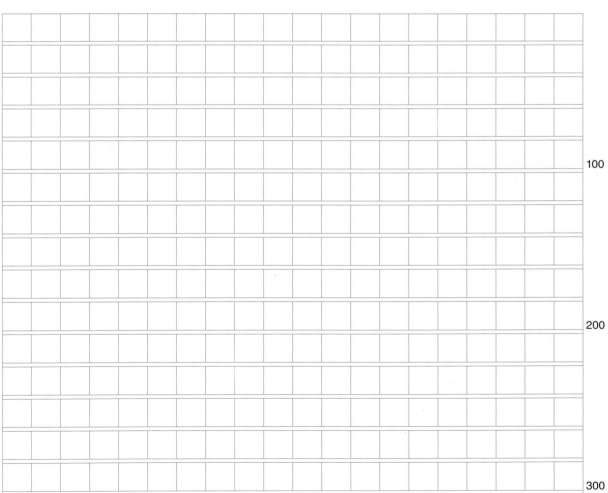

6. 다음을 참고하여 '국내 화장품 시장 변화'에 대한 글을 200~300자로 쓰시오.　　　⧗ ___ 분 ___ 초

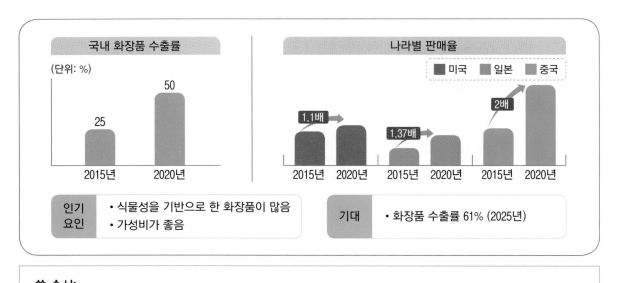

쓸 순서: _____ → _____ → _____

표현: _____

7. 다음을 참고하여 '지구의 기온 변화'에 대한 글을 200~300자로 쓰시오.   ⧖ _____분 _____초

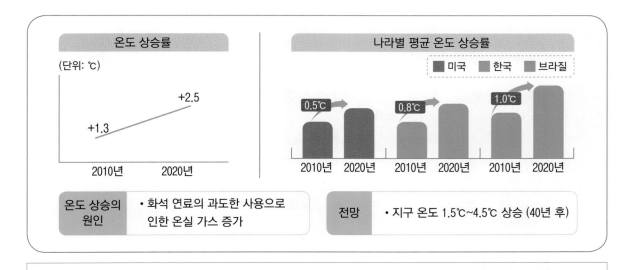

쓸 순서: _____ → _____ → _____

표현: _____

8. 다음을 참고하여 '배달 이용도'에 대한 글을 200~300자로 쓰시오.

분 ___ 초

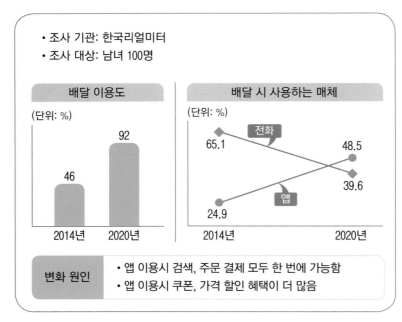

쓸 순서: _____

→ _____

→ _____

표현: _____

_____

_____

_____

조사 기관: 한국리얼미터
조사 대상: 남녀 100명

배달 이용도
(단위: %)
46 (2014년)
92 (2020년)

배달 시 사용하는 매체
(단위: %)
전화 65.1 → 48.5
앱 24.9 → 39.6
2014년   2020년

변화 원인
• 앱 이용시 검색, 주문 결제 모두 한 번에 가능함
• 앱 이용시 쿠폰, 가격 할인 혜택이 더 많음

100

200

300

9. 다음을 참고하여 '다이어트를 해야 하는가'에 대한 글을 200~300자로 쓰시오.   ⏳ _____분 _____초

- 조사 기관: 보건복지부
- 조사 대상: 남녀 각 1,000명

다이어트를 해야 하는가?

그렇다 81%
92%

아니다 45%
11%

■ 남
■ 여

'그렇다'라고 응답한 이유

남   여

	남	여
1위	옷이 맞지 않아서	살쪘다는 소리를 들어서
2위	건강을 위해서	자기 만족을 위해서

쓸 순서: _____

→ _____

→ _____

표현: _____

_____

_____

_____

100

200

300

10. 다음을 참고하여 '온라인 수업에 만족하는가'에 대한 글을 200~300자로 쓰시오.   ⧗ ____분 ____초

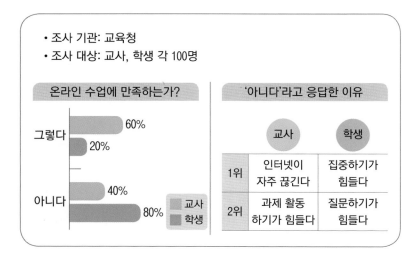

쓸 순서: _____

→ _____

→ _____

표현: _____

_____

_____

_____

<table>
<tr><td></td></tr>
</table>

(답안 작성 칸 — 300자 원고지, 100 / 200 / 300 표시)

PART 4

54번 유형

유형 소개

54번 문제는 긴 글쓰기입니다. 문제에서 요구하는 내용을 잘 파악하여 자신의 견해를 600~700자로 써야 합니다. 문제에서 제시한 2~3개의 질문에 대해서 모두 써야 하기 때문에 아웃라인을 잡지 않고 바로 쓰기 시작한다면 문제의 요구에 벗어난 답안을 쓰게 됩니다. 보다 짜임새 있게 논리적으로 글을 쓰기 위해서는 주어진 질문에 대한 의견과 이를 뒷받침하는 내용 등을 생각하며 4~5분 동안 아웃라인을 잡고 아웃라인에 정리된 내용을 바탕으로 25분 동안 서론-본론-결론을 작성해야 합니다.

※ **[54]** 다음을 주제로 하여 자신의 생각을 600~700자로 글을 쓰십시오. (50점)

> 현대 사회는 빠르게 세계화·전문화되고 있습니다. 이러한 현대 사회의 특성을 참고하여, '현대 사회에서 필요한 인재'에 대해 아래의 내용을 중심으로 자신의 생각을 쓰십시오.
>
> • 현대 사회에서 필요한 인재는 어떤 사람입니까?
> • 그러한 인재가 되기 위해서 어떤 노력이 필요합니까?

〈제37회 쓰기 54번 기출문제〉

COOL TIP

1 격식체 반말 '-는다/ㄴ다/다'로 써야 합니다.
　: 가요, 합니다 ✕ → 간다, 한다 ○

2 서론-본론-결론의 형식을 갖추어야 합니다.

3 문제의 지시 사항은 모두 써야 합니다.

4 지시문에 나와 있는 표현을 그대로 사용하는 것은 피하는 것이 좋습니다.

5 구어적인 표현을 쓰지 않습니다.
　: 너무, 완전, -을/ㄹ 거다, -이랑/랑 ✕ → 매우, -을/ㄹ 것이다, 과/와 ○

6 줄임말을 쓰지 않습니다.
　: 근데, -는/은/ㄴ 게(걸) ✕ → 그런데, -는/은/ㄴ 것이(것을) ○

7 접속사나 표현들이 반복되지 않도록 합니다.

8 주어 '나'를 사용하지 않고 생략합니다.

9 '-을/ㄹ 것 같다'와 같이 추측성 표현은 피하는 게 좋습니다.

ⓘ 54번 쓰기의 잘못된 예

예 ❶

✔ 주어 '나'를 생략해서 쓰는 것이 좋습니다.

✔ 단락 구성이 안 되어 있습니다
✔ 서론, 결론이 없습니다
✔ 총 488자로 글자 수가 부족합니다

✔ 격식체 반말 '-는다/ㄴ다/다'를 사용해야 합니다

✔ '-는/은/ㄴ 것 같다' 추측성 표현은 피하는 것이 좋습니다

✔ '-는다고/ㄴ다고/다고 생각하다'라는 표현을 지나치게 반복 사용하고 있습니다

저는 세계화가 된 이 사회에서는 높은 언어 능력이 있고 다른 사람을 이해할 마음이 있는 인재가 필요하다고 생각합니다. 2020년 일본에서 도쿄 올림픽을 열리기 때문에 일본에서도 조금씩 외국인이 많아지고 있어 차근차근 세계화가 되고 있습니다. 이런 사회에서 필요한 인재는 다른 문화를 가지는 사람을 이해할 수 있는 사람이라고 생각합니다. 게다가 외국 사람과 대화하려면 역시 외국어, 특히 영어를 할 수 있어야 통할 수 있다고 생각합니다. 일본 같은 경우에는 아직 초중학교에서의 외국어 교육이 부족한 것 같습니다. 개인적인 노력도 필요하지만 앞으로 세계화가 된 세상에서 외국어를 가르치는 기회를 더 많이 줘야 한다고 생각합니다.
　그러나 언어 능력을 노력한 만큼 실력이 늘 수 있겠지만 이해하는 마음과 받아주는 마음은 쉽게 습득할 수 있는 것이 아니라고 생각합니다. 그럼 마음을 가지기 위해서 우선 주변에 있는 가족과 친구들을 소중하게 생각하고 감사할 마음을 잊어버리지 않도록 지내야 한다고 생각합니다.

예❷

　　현대 사회는 세계화·전문화가 되고 있는 가운데 사회가 필요하는 인재도 첨첨변하고 있다. 먼저 세계화를 적용하려면 최소한 외국어는 하나를 능숙하게 할 수 있어야 사회의 발전을 따를 수 있다고 본다. 그렇게 되려면 스스로 다른 언어를 공부하든가 학원을 다니든가 시간을 더 내서야만 가능한 일이다. 그리고 전문화가 되고 있는 사회에서 살아남으려면 자기자신이 일하는 영역의 지식을 확실히 습득하고 파악해야 한다. 그럼 대학교 때부터 공부를 열심히 할 수밖에 없다. 그뿐만 아니라 사회에 들어가면 늘 겸손하게 선배들에게 여쭤봐야 한다. 그리고 좋은 인재로서 기본적인 것을 지켜야 한다. 먼저 인내심을 키워야 한다. 성공을 급하게 이루어야겠다는 초조감을 버리고 늘 성실하게 일을 해야 한다. 두번째는 상사에게도 동료에게도 믿음직스러운 사람이 되어야 한다. 평소에 잡은 약속도 최대한 지키고 맡은 일도 잘 완성하도록 노력해야 한다. 세번째는 사람이 자신감이 있었으면 좋겠다. 신의 가치를 인정해주고 잠재력을 발견하여 뾰족한 사람보다 부드러운 사람이 되었으면 한다. 마지막으로 사회가 늘 빠르게 편하다는 것을 잊지 말고 항상 준비되어 있는 상태로 기회를 잡아야 한다.

✔ 단락 구성이 안 되어 있습니다

✔ 서론, 결론이 없습니다

✔ 총 569자로 글자 수가 부족합니다

✔ 어색한 표현과 문법에 맞지 않는 문장이 많습니다

✔ 질문의 주제와 관계없는 불필요한 내용이 많습니다

 **알맹이 채우기 1** │ 문제 유형 파악하기

🔑　　54번의 문제 유형은 크게 세 가지로 나눠서 살펴볼 수 있습니다. 첫 번째 유형은 사회적으로 이슈가되고 있는 현상에 대해 그 현상의 중요성, 필요성을 서술하는 글입니다. 두 번째 유형은 어떤 현상에 대해서 긍정적·부정적인 면을 서술하고 그 현상에 대한 해결 방법 및 방향에 대해서 쓰는 글입니다. 세 번째 유형은 찬성과 반대의 의견이 있는 주제로 찬반의 입장을 각각 쓰고 자신의 입장을 밝히는 글입니다.

유형(1) ＿＿＿＿＿이/가 미치는 영향

※ [54] 다음을 주제로 하여 자신의 생각을 600~700자로 글을 쓰십시오. 단,
문제를 그대로 옮겨 쓰지 마십시오. (50점)

> '칭찬은 고래도 춤추게 한다'는 말처럼 칭찬에는 강한 힘이 있습니다. 그러나 칭찬이 항상 긍정적인 영향을 주는 것은 아닙니다. 아래의 내용을 중심으로 칭찬에 대한 자신의 생각을 쓰십시오.
>
> • 칭찬이 미치는 긍정적인 영향은 무엇입니까?
> • 부정적인 영향은 무엇입니까?
> • 효과적인 칭찬의 방법은 무엇입니까?

기출문제

제35회 경제적인 여유가 행복에
미치는 영향
제36회 동기가 일에 미치는 영향
제47회 칭찬이 사람에게 미치는
영향

　　　　　　　　　　　　　　　　　　　　　　　　　　　　→ 서론

> '칭찬은 고래도 춤추게 한다'는 말처럼 칭찬에는 강한 힘이 있습니다. 그러나 칭찬이 항상 긍정적인 영향을 주는 것은 아닙니다. 아래의 내용을 중심으로 칭찬에 대한 자신의 생각을 쓰십시오.
>
> • 칭찬이 미치는 긍정적인 영향은 무엇입니까?
> • 부정적인 영향은 무엇입니까? ──→ 본론
> • 효과적인 칭찬의 방법은 무엇입니까? ──→ 결론

〈제47회 쓰기 54번 기출문제〉

❖ Outline

서론 : 긍정적인 영향

- 일이나 공부를 더 잘하고 싶게 한다.
- 자신감이 생겨 공부나 일의 성과에도 긍정적이다.
- 도전 정신이 생기기도 한다.

> 우리는 칭찬을 들으면 일을 더 잘하고 싶어질 뿐만 아니라 좀 더 나은 사람이 되고 싶은 마음이 든다. 그리고 자신감이 생겨 공부나 일의 성과에도 긍정적인 영향을 미친다. 그래서 자신이 가진 능력 이상을 발휘하고 싶어지는 도전 정신이 생기기도 하는 것이다. 한 마디로 말해 칭찬은 사람을 한 단계 더 발전시키는 힘을 가지고 있다.

본론 : 부정적인 영향

- 칭찬이 부담이 되기도 한다.
  ⊕ 자신의 실력을 제대로 발휘하지 못한다.

- 결과만을 중시하게 된다.
  ⊕ 보통 칭찬은 결과에 중점을 두고 행해지는 경우가 많다.

> 그런데 이러한 칭찬이 독이 되는 경우가 있다. 바로 칭찬이 상대에게 기쁨을 주는 것이 아니라 부담을 안겨 주는 경우이다. 칭찬을 들으면 그 기대에 부응해야 한다는 압박감 때문에 자신의 실력을 제대로 발휘하지 못하게 되는 일이 생기게 된다. 칭찬의 또 다른 부정적인 면은 칭찬 받고 싶다는 생각에 결과만을 중시하게 되는 점이다. 일반적으로 칭찬이 일의 과정보다 결과에 중점을 두고 행해지는 경우가 많기 때문이다.

결론 : 칭찬의 방법

- 칭찬은 과정과 노력에 초점을 맞추는 것이 중요하다.
  ⊕ 일 자체를 즐길 수 있다.
  ⊕ 칭찬을 듣고 잘 해내야 한다는 부담에서 벗어날 수 있다.

> 그래서 우리가 상대를 칭찬할 때에는 그 사람이 해낸 일의 결과가 아닌 그 일을 해내기까지의 과정과 노력에 초점을 맞추는 것이 중요하다. 그래야 칭찬을 드는 사람도 일 그 자체를 즐길 수 있다. 또한 칭찬을 듣고 잘 해내야 한다는 부담에서도 벗어날 수 있을 것이다. 우리는 보통 칭찬을 많이 해 주는 것이 중요하다고 생각하는데 칭찬은 그 방법 역시 중요하다는 것을 잊지 말아야 할 것이다.

〈제47회 쓰기 54번 모범답안〉

유형(2) _____의 중요성/필요성

※ [54] 다음을 주제로 하여 자신의 생각을 600~700자로 글을 쓰십시오. 단, 문제를 그대로 옮겨 쓰지 마십시오. (50점)

> 사람은 누구나 청소년기를 거쳐 어른이 된다. 아동에서 어른으로 넘어 가는 이 시기에 많은 청소년들은 혼란과 방황을 겪으며 성장한다. 아래의 내용을 중심으로 '청소년기의 중요성'에 대한 자신의 생각을 쓰라.
>
> - 청소년기가 중요한 이유는 무엇인가?
> - 청소년들은 이 시기에 주로 어떤 특징을 보이는가?
> - 청소년의 올바른 성장을 돕기 위해 어떤 노력이 필요한가?

기출문제

제37회 현대사회에서 필요한 인재
제41회 역사의 중요성
제52회 의사소통의 중요성
제64회 청소년기의 중요성

→ 서론

우리는 살면서 서로의 생각이 달라 갈등을 겪는 경우가 많다. 이러한 갈등은 의사소통이 부족해서 생기는 경우가 대부분이다. 의사소통은 서로의 관계를 유지하고 발전시키는 데 중요한 요인이 된다. '의사소통의 중요성과 방법'에 대해 아래의 내용을 중심으로 자신의 생각을 쓰라.

- 의사소통은 왜 중요한가?
- 의사소통이 잘 이루어지지 않는 이유는 무엇인가? ——→ **본론**
- 의사소통을 원활하게 하는 방법은 무엇인가? ——→ **결론**

〈제52회 쓰기 54번 기출문제〉

Outline

서론 : 왜 중요한가?

- 원활한 인간 관계를 맺기 위해서는 의사소통 능력이 무엇보다 중요하다.
  ⊕ 의사소통이 제대로 안 될 때 오해, 불신, 분쟁이 생긴다.

어떤 일을 다른 사람들과 함께 계획하고 추진하기 위해서는 그 사람들과의 원활한 인간관계가 필요하다. 다만 인간관계를 원활하게 하는 데에는 많은 대화가 요구되며, 이 과정에서 의사소통 능력이 중요한 역할을 한다. 일반적으로 의사소통은 타인과의 소통의 시작이어서 의사소통이 제대로 이루어지지 않는 경우 오해가 생기고 불신이 생기며 경우에 따라서는 분쟁으로까지 이어질 수 있게 된다.

본론 : 의사소통이 안 되는 이유

- 서로 다른 생활환경, 경험, 사고방식의 차이가 있다.
  ⊕ 사고방식의 차이는 의사소통을 어렵게 하고 갈등을 야기한다.

그런데 이러한 의사소통이 항상 원활히 이루어지는 것은 아니다. 사람들은 서로 다른 생활환경과 경험을 가지고 있고, 이는 사고방식의 차이로 이어지게 된다. 이러한 차이들이 의사소통을 어렵게 함과 동시에 새로운 갈등을 야기하기도 한다.

결론 : 방법

- 상대를 배려하는 입장에서 말을 해야 한다.
- 다른 사람의 말을 잘 듣는 자세가 필요하다.
- 서로의 입장에서 현상을 바라보는 자세가 필요하다.

따라서 원활한 의사소통을 위한 적극적인 노력이 필요하다. 우선 상대를 배려하는 입장에서 말을 하는 자세가 필요하다. 나의 말이 상대를 불편하게 만드는 것은 아닌지 항상 생각하며 이야기하여야 한다. 다음으로 다른 사람의 말을 잘 듣는 자세가 필요하다. 마음을 열고 다른 사람의 이야기를 듣는 것은 상대를 이해하는 데에 꼭 필요하기 때문이다. 마지막으로 서로의 입장에서 현상을 바라보는 자세가 필요하다. 이는 서로가 가질 수 있는 편견과 오해를 해결할 수 있는 역할을 하기 때문이다.

〈제42회 쓰기 54번 모범답안〉

_____의 장점과 문제점/찬성과 반대

기출문제
제60회 조기 교육의 찬반과 이유

※ [54] 다음을 주제로 하여 자신의 생각을 600~700자로 글을 쓰십시오. 단, 문제를 그대로 옮겨 쓰지 마십시오. (50점)

> 요즘은 아이가 학교에 들어가기 전 어릴 때부터 악기나 외국어 등 여러 가지를 교육하는 경우가 많다. 이러한 조기 교육은 좋은 점도 있지만 문제점도 있다. 아래의 내용을 중심으로 '조기 교육의 장점과 문제점'에 대해 자신의 의견을 쓰라.
>
> • 조기 교육의 장점은 무엇인가?
> • 조기 교육의 문제점은 무엇인가?
> • 조기 교육에 찬성하는가, 반대하는가? 근거를 들어 자신의 의견을 쓰라.

→ 서론

> <u>요즘은 아이가 학교에 들어가기 전 어릴 때부터 악기나 외국어 등 여러 가지를 교육하는 경우가 많다.</u> 이러한 조기 교육은 좋은 점도 있지만 문제점도 있다. 아래의 내용을 중심으로 '조기 교육의 장점과 문제점'에 대해 자신의 의견을 쓰라.
>
> • 조기 교육의 장점은 무엇인가?   → 본론
> • 조기 교육의 문제점은 무엇인가?
> • 조기 교육에 찬성하는가, 반대하는가? 근거를 들어 자신의 의견을 쓰라   → 결론

〈제60회 쓰기 54번 기출문제〉

Outline

서론

- 요즘에는 아이들에게 다양한 교육을 시킨다.
- 조기 교육에는 장단점이 모두 존재한다.

본론 : 장점

- 재능을 일찍 발견할 수 있고 잠재력을 극대화 할 수 있다.
  ⊕ 예체능의 경우 어릴 때부터 체계적인 교육을 받는다.
- 학업 경쟁력을 높일 수 있다.
- 아이의 세계관을 넓힐 수 있다.

문제점

- 부모의 강요에 의한 조기 교육은 아이들에게 스트레스를 주고 학업에 흥미를 떨어뜨린다.
- 아이들의 정서 발달에 부정적인 영향을 미친다.

결론 : 입장

- 조기 교육에 반대한다.
  ⊕ 조기 교육은 학습자의 자발성과 내적 동기를 전제로 이루어진 교육이 아니다.
  ⊕ 아이는 자신이 무엇을 하고 싶은지 명확히 인지하지 못할 가능성이 크다.

　　요즘은 학교에 들어가지 않은 아이들에게 다양한 교육을 실시하는 경우가 많다. 어릴 때부터 이루어지는 조기 교육은 좋은 점도 있지만 문제점도 있다.

　　먼저 조기 교육의 가장 큰 장점은 아이의 재능을 일찍 발견하고 아이가 가진 잠재력을 극대화할 수 있다는 점이다. 예를 들어 예체능계의 유명인 중에는 어릴 때부터 체계적인 교육을 받은 경우가 많다. 또 다른 조기 교육의 장점은 아이의 학업 경쟁력을 높일 수 있다는 점이다. 이 외에도 조기 교육에서의 다양한 경험은 아이의 세계관을 넓히는 데 도움이 된다.

　　그러나 조기 교육은 부모의 강요에 의해 이루어질 수 있다는 문제점이 있다. 이로 인해 아이는 스트레스를 받거나 억압적인 학습 경험의 반발로 학업에 흥미를 느끼지 못할 수 있다. 또한 조기 교육이 과도하게 이루어질 경우, 아이들의 정서 발달에 부정적인 영향을 미칠 수 있다.

　　조기 교육의 장점에도 불구하고 위의 문제점을 고려했을 때 조기 교육을 실시하는 것이 적절하지 않다고 생각한다. 진정한 교육이란 학습자의 자발성과 내적 동기를 전제로 이루어진다고 생각하기 때문이다. 아이는 발달 중에 있고 경험이 적기 때문에 자신이 무엇을 배우고 싶은지 명확히 인지하지 못할 가능성이 크다. 이는 아이의 동기보다 보호자의 바람이 조기 교육에 더 큰 영향을 미치게 되는 이유이기도 하다. 이러한 이유로 조기 교육을 실시하는 것에 반대한다.

〈제60회 쓰기 54번 모범답안〉

☞   문제에서 제시된 주제를 정확하게 파악하여 어떠한 부분을 서론, 본론, 결론으로 나누어 써야 할지 빨리 파악하는 것이 좋습니다. 그리고 나서 주어진 질문에 대해 떠오르는 것을 간략하게 정리하여 아웃라인을 잡습니다.

연습 문제

※   다음을 주제로 하여 아웃라인을 완성하십시오.

1.

> 미니 냉장고, 미니 전기밥솥, 미니 소주 등 1인 가구를 위한 제품들이 인기를 끌고 있다. 통계청 조사에 따르면 2017년 한국의 가구 수는 2천만 가구를 넘어섰고 그 중 1인 가구 비율이 30%에 육박한다고 한다. 이러한 '1인 가구의 증가 원인과 문제점'에 대해 자신의 의견을 쓰라.

> - 1인 가구의 증가 원인은 무엇인가?
> - 1인 가구 증가로 생기는 문제점은 무엇인가?
> - 1인 가구의 대책 방안은 무엇인가?

① 어떤 부분을 서론, 본론, 결론으로 나누어 쓸지 먼저 표시를 하십시오.

② 제시된 키워드를 보고 아웃라인을 작성해 보십시오.

    서론: 1인 가구 비율 증가에 따른 제품들의 변화

    본론: [증가 원인] 결혼에 대한 인식 변화, 경제적인 문제

            [문제점] 저출산·고령화, 국가 경쟁력 약화, 주택 공급 문제

    결론: [방안] 안정된 일자리 보장, 결혼·출산 시 정부 지원

⊗ Outline

[서론] _____

_____

[본론] _____

_____

[결론] _____

_____

2.

> 동물실험은 새로운 제품이나 치료법의 효능과 안정성을 확인하기 위한 것으로 동물을 이용한 실험이 다양한 분야에서 활용되고 있다. 인간이 과연 동물들을 마음대로 이용하고 실험의 대상으로 삼을 권리가 있는지에 대해 자신의 입장을 쓰라.

> - 동물실험은 왜 해야 하는가?
> - 동물실험을 하면 안되는 이유는 무엇인가?
> - 동물실험에 찬성하는가, 반대하는가? 근거를 들어 자신의 의견을 쓰라.

① 어떤 부분을 서론, 본론, 결론으로 나누어 쓸지 먼저 표시를 하십시오.

② 제시된 키워드를 보고 아웃라인을 작성해 보십시오.

서론: [왜 해야 하는가?] 부작용 없는 약, 생필품 개발

본론: [하면 안되는 이유] 잔혹하고 비윤리적, 사람≠동물, 부작용 발생

결론: [입장] 찬성, 대체 기술 X , 3R 원칙(3Rs:replacement, reduction, refinement)

Outline

서론 _____

_____

본론 _____

_____

결론 _____

_____

3.

요즘 젊은이들은 성형 수술은 물론 지방 흡입이나 눈썹 문신을 거부감 없이 한다. 이렇게 해서라도 예뻐진다면 행복할 거라고 생각하는 젊은 친구들이 적지 않다. 그러나 외모와 행복 만족도가 꼭 비례한다고는 할 수 없다. '외모가 행복에 미치는 영향'에 대해 자신의 의견을 쓰라.

- 외모가 행복에 얼마나 많은 영향을 미치는가?
- 외모와 행복 만족도의 관계는 어떠한가?
- 어떻게 사는 것이 행복인가?

① 어떤 부분을 서론, 본론, 결론으로 나누어 쓸지 먼저 표시를 하십시오.

② 제시된 키워드를 보고 아웃라인을 작성해 보십시오.

서론: '외모 = 능력' 인식 확산

본론: [외모가 행복에 미치는 영향] 다양한 기회, 자신감

[외모와 행복 만족도의 관계] 외모≠행복, 외모 치중도, 스트레스

결론: [어떻게 사는 것이 행복인가?] 자신이 느끼는 행복의 순간

[서론] _____

_____

[본론] _____

_____

[결론] _____

_____

4.

인공 지능은 Siri부터 자율 주행 자동차에 이르기까지 빠르게 발전하고 있다. 인간의 능력을 뛰어넘고 있는 인공 지능은 우리의 기대와 우려를 동시에 주고 있다. 아래의 내용을 중심으로 인공 지능에 대한 자신의 생각을 쓰라.

- 인공 지능 기술이 미치는 긍정적인 영향은 무엇인가?
- 인공 지능 기술의 부정적인 영향은 무엇인가?
- 인공 지능 기술로 인해 다가올 문제에 대한 해결 방안은 무엇인가?

① 어떤 부분을 서론, 본론, 결론으로 나누어 쓸지 먼저 표시를 하십시오.

② 제시된 키워드를 보고 아웃라인을 작성해 보십시오.

서론: [긍정적인 영향] 콜센터 상담 업무 대체, 자동차 자율 주행
본론: [부정적인 영향] 구직난, 사생활 침해, 잘못된 인공 지능 개발 위험
결론: [해결 방안] 책임 소재 불분명, 인공 지능 법적 기반 마련

Outline

서론 _____

_____

본론 _____

_____

결론 _____

_____

5.

최근 인터넷을 이용하는 컴퓨터, 스마트폰, 태블릿 PC 등의 보급이 빠르게 확산되면서 다양한 정보를 쉽고 편리하게 받아볼 수 있게 되었다. 이러한 뉴미디어의 등장은 청소년에게 다방면으로 영향을 끼치고 있다. '뉴미디어가 청소년에게 미치는 영향'에 대해 자신의 의견을 쓰라.

- 뉴미디어가 청소년에게 미치는 긍정적인 영향은 무엇인가?
- 뉴미디어의 문제점은 무엇인가?
- 뉴미디어를 올바르게 활용하는 방법은 무엇인가?

① 어떤 부분을 서론, 본론, 결론으로 나누어 쓸지 먼저 표시를 하십시오.

② 제시된 키워드를 보고 아웃라인을 작성해 보십시오.

서론: 스마트폰 보급 확대, 뉴미디어의 쌍방향 의사소통

본론: [긍정적인 영향] 다양한 분야의 정보 습득, 온라인 상호 작용을 통한 인간관계 형성

[문제점] 잘못된 정보, 무비판적, 잘못된 사고방식, 유해한 내용

결론: [올바르게 활용하는 방법] 검증된 포털 사이트, 유해 사이트 접근 차단 앱

⚡ Outline

[서론] _____

_____

[본론] _____

_____

[결론] _____

_____

🎁 알맹이 채우기 3 　서론 쓰기

서론 쓰기 전략

　　서론은 어떤 내용으로 전개될 것인가를 나타내는 부분이기 때문에 글쓰기에서 서론 쓰기는 매우 중요합니다. 그러나 문학적인 글과는 달리 어떤 주제에 대해 자신의 의견을 논리적으로 펼치는 글에서는 어느 정도 정형성을 가지고 있기 때문에 서론 쓰는 방법을 익힌다면 글을 쓰는 데에 주저함이 줄어들 것입니다.

　　서론 쓰기의 **COOL TIP**은 바로 문제 지시문을 바꿔서 쓰는 것입니다. 문제에서 제시된 단어 몇 개를 바꿔 쓰거나 문장의 구조를 바꿔 쓰는 것입니다. 또는 제시된 주제에 대해서 가정을 하거나 질문을 던지는 것도 또 다른 방법 중의 하나입니다.

서론 표현

• **일반적으로 사람들은 _____ 을/ㄹ 것이라고 생각한다**

> 일반적으로 사람들은 경제적으로 여유가 있으면 다른 사람들보다 더 행복할 것이라 생각한다.

• **최근 _____ 고 있다**

> 최근 1인 가구가 계속 증가하고 있다.

• **현대 사회는 _____ 고 있다**

> 현대 사회는 과학 기술과 교통의 발달로 많은 변화를 겪고 있다.

• **_____ 이란/란 _____ 이다**

> 동기란 어떤 일을 하게 하는 보이지 않는 힘이다.

서론

요즘은 아이가 학교에 들어가기 전 어릴 때부터 악기나 외국어 등 여러 가지를 교육하는 경우가 많다. 이러한 조기 교육은 좋은 점도 있지만 문제점도 있다. 아래의 내용을 중심으로 '조기 교육의 장점과 문제점'에 대해 자신의 의견을 쓰라.

- 조기 교육의 장점은 무엇인가?
- 조기 교육의 문제점은 무엇인가?
- 조기 교육에 찬성하는가, 반대하는가? 근거를 들어 자신의 의견을 쓰라.

> 서론을 새롭게 쓰는 것보다 [단어 바꾸기], [문장 구조 바꾸기], [가정하기], [질문하기] 등 여러 가지 방법으로 문장을 살짝 바꿔 쓰는 것도 좋습니다.

단어 바꾸기

요즘은 학교에 들어가지 않은 아이들에게 다양한 교육을 실시하는 경우가 많다. 어릴 때부터 이루어지는 조기 교육은 좋은 점도 있지만 문제점도 많다.

〈제60회 쓰기 54번 기출문제〉

문장 구조 바꾸기

요즘은 어릴 때부터 다양한 교육을 학교에 입학하기 전부터 시키는 경우가 많다. 이러한 조기 교육은 여러 가지 장점도 있지만 그에 따른 단점도 많다.

가정하기

학교에 들어가기 전부터 조기 교육을 시작한다면 내 아이가 과연 똑똑한 아이로 성장할 수 있을까? 조기 교육을 일찍 실시한다면 그만큼 좋은 점도 있겠지만 그에 따른 문제점도 적지 않다.

질문하기

요즘은 학교에 들어가지 않은 아이들에게 어릴 때부터 다양한 교육을 실시하는 경우가 많다. 이는 좋은 점도 있지만 문제점도 많다. 문제점이 많음에도 불구하고 조기 교육은 왜 하는 것일까?

COOL TIP

1 지시문을 서론의 문장으로 활용할 수 있습니다. 단, 지시문의 문장 구조나 표현을 바꿔서 사용하되 문제에 나와 있는 표현을 그대로 사용하는 것은 피하는 것이 좋습니다.

1 문제에 제시된 세 개의 과제 중 하나를 서론의 내용으로 활용할 수 있습니다.

※　아웃라인을 작성하여 서론을 완성하십시오.

1.

> 　　미니 냉장고, 미니 전기밥솥, 미니 소주 등 1인 가구를 위한 제품들이 인기를 끌고 있다. 통계청 조사에 따르면 2017년 한국의 가구 수는 2천만 가구를 넘어섰고 그 중 1인 가구 비율이 30%에 육박한다고 한다. 이러한 '1인 가구의 증가 원인과 문제점'에 대해 자신의 의견을 쓰라.

- 1인 가구의 증가 원인은 무엇인가?
- 1인 가구 증가로 생기는 문제점은 무엇인가?
- 1인 가구의 대책 방안은 무엇인가?

◈ Outline

- 작게 포장된 1인용 식자재나 1인용 전기밥솥, 소형 세탁기 등을 본 적이 있을 것이다.

- _____

📋 서론 쓰기

100

200

2.

동물실험은 새로운 제품이나 치료법의 효능과 안정성을 확인하기 위한 것으로 동물을 이용한 실험이 다양한 분야에서 활용되고 있다. 인간이 과연 동물들을 마음대로 이용하고 실험의 대상으로 삼을 권리가 있는지에 대해 자신의 입장을 쓰라.

- 동물실험은 왜 해야 하는가?
- 동물실험을 하면 안 되는 이유는 무엇인가?
- 동물실험에 찬성하는가, 반대하는가? 근거를 들어 자신의 의견을 쓰라.

❄ Outline

[왜 해야 하는가?]

- 동물실험이란 _____

- _____

📋 서론 쓰기

3.

요즘 젊은이들은 성형 수술은 물론 지방 흡입이나 눈썹 문신을 거부감 없이 한다. 이렇게 해서라도 예뻐진다면 행복할 거라고 생각하는 젊은 친구들이 적지 않다. 그러나 외모와 행복 만족도가 꼭 비례한다고는 할 수 없다. '외모가 행복에 미치는 영향'에 대해 자신의 의견을 쓰라.

- 외모가 행복에 얼마나 많은 영향을 미치는가?
- 외모와 행복 만족도의 관계는 어떠한가?
- 어떻게 사는 것이 행복인가?

⊗ Outline

- _____
- _____

📋 서론 쓰기

100

200

4.

> 　인공 지능은 Siri부터 자율 주행 자동차에 이르기까지 빠르게 발전하고 있다. 인간의 능력을 뛰어넘고 있는 인공 지능은 우리의 기대와 우려를 동시에 주고 있다. 아래의 내용을 중심으로 인공 지능에 대한 자신의 생각을 쓰라.
>
> - 인공 지능 기술이 미치는 긍정적인 영향은 무엇인가?
> - 인공 지능 기술의 부정적인 영향은 무엇인가?
> - 인공 지능 기술로 인해 다가올 문제에 대한 해결 방안은 무엇인가?

Outline

긍정적인 영향

- _____
- _____
- _____

서론 쓰기

100

200

5.

> 최근 인터넷을 이용하는 컴퓨터, 스마트폰, 태블릿 PC 등의 보급이 빠르게 확산되면서 다양한 정보를 쉽고 편리하게 받아볼 수 있게 되었다. 이러한 뉴미디어의 등장은 청소년에게 다방면으로 영향을 끼치고 있다. '뉴미디어가 청소년에게 미치는 영향'에 대해 자신의 의견을 쓰라.

- 뉴미디어가 청소년에게 미치는 긍정적인 영향은 무엇인가?
- 뉴미디어의 문제점은 무엇인가?
- 뉴미디어를 올바르게 활용하는 방법은 무엇인가?

Outline

- _____
- _____

서론 쓰기

100

200

알맹이 채우기 4 본론 쓰기

본론 쓰기 전략

서론의 역할이 읽는 사람의 관심을 이끌어내고 전체 글의 방향을 제시하는 것이라면 본론은 구체적이면서 논리적으로 설득하는 부분입니다. 글쓴이의 한국어 표현 수준도 중요하지만 본론은 논제에 대한 자신의 주장을 펼치고 그 주장에 대한 구체적인 논거를 잘 제시해야 합니다. 다음은 본론의 기본 구조입니다. 답안 작성시 이를 활용하면 더욱 쉽게 글을 완성할 수 있습니다.

본론 1	중심 문장
	+ 뒷받침하는 문장(설명, 이유, 예시 등)
본론 2	중심 문장
	+ 뒷받침하는 문장(설명, 이유, 예시 등)

본론 표현

• 우선 _____. 그다음으로 _____. 마지막으로 _____.

> 물건을 고를 때 우선 디자인이 중요하다. 그 다음으로 값, 마지막으로 품질을 중요하게 생각한다.

• 첫째, _____. 둘째, _____. 셋째, _____.

> 돈을 절약하는 방법에는 여러 가지가 있다. 첫째, 가계부를 쓰는 것이다. 둘째, 외식을 줄이고 집에서 만들어 먹는 것이 좋다. 셋째, 마트에 가기 전에 구매 목록을 작성하는 방법 등이 있다.

• 예를 들면(예를 들어, 예를 들자면), _____의 대표적인 예로 _____ 등을 들 수 있다.

> 우리는 환경보호를 위해 여러 가지를 할 수 있다. 예를 들면(예를 들어, 예를 들자면) 종이컵 대신에 텀블러를 이용하는 것이다.
> 인공 지능의 대표적인 예로 자율 주행 자동차와 음성 인식 서비스 등을 들 수 있다.

• _____에는 여러 가지가 있다.

> 전기를 절약하는 방법에는 여러 가지가 있다.

- _____음/ㅁ에 따라

> 기술이 발전함에 따라 우리 삶의 방식도 바뀌고 있다.

- _____는다는/ㄴ다는/다는 장점(단점, 특징, 긍정적인 면, 부정적인 면)이 있다.

> 한옥은 목재를 사용하기 때문에 공해 발생이 거의 없다는 장점이 있다.
> SNS는 개인 정보가 유출되고 잘못된 지식이 전파될 수 있다는 단점이 있다.

- _____기 위해서는 _____이/가 중요하다(필요하다)

> 바이러스 감염의 확산을 막기 위해서는 국민 개개인의 노력이 중요하다(필요하다).

- 왜냐하면 _____기 때문이다.

> 살이 많이 찐 부위를 집중적으로 운동을 해도 효과가 없다. 왜냐하면 지방이 주로 저장되는 부위가 배, 허벅지인데 이 부위가 가장 많이 찌고 운동을 해도 가장 늦게 빠지는 부위이기 때문이다.

- _____는 데에 도움이 된다.

> 배우의 대사를 따라하는 것은 말하기 실력을 키우는 데에 도움이 된다.

- _____로/으로 인해

> 코로나19 델타 변이로 인해 다시 감염병 유행이 확산되고 있다.

본론 쓰기의 예

> 요즘은 아이가 학교에 들어가기 전 어릴 때부터 악기나 외국어 등 여러 가지를 교육하는 경우가 많다. 이러한 조기 교육은 좋은 점도 있지만 문제점도 있다. 아래의 내용을 중심으로 '조기 교육의 장점과 문제점'에 대해 자신의 의견을 쓰라.
>
> • 조기 교육의 장점은 무엇인가? ⟍
> • 조기 교육의 문제점은 무엇인가? ⟋ → 본론
> • 조기 교육에 찬성하는가, 반대하는가? 근거를 들어 자신의 의견을 쓰라.

본론 1 : [장점]

• 아이의 재능을 일찍 발견할 수 있고 잠재력을 극대화 할 수 있다.
⊕ 예체능의 경우 어릴 때부터 체계적인 교육을 받는다.
• 학업 경쟁력을 높일 수 있다.
• 아이의 세계관을 넓힐 수 있다.

본론 2 : [문제점]

• 부모의 강요에 의한 조기 교육은 아이에게 스트레스를 주고 학업 흥미를 떨어뜨린다.
• 아이들의 정서 발달에 부정적이 영향을 미친다.

조기 교육의 가장 큰 장점은 아이의 재능을 일찍 발견하고 아이가 가진 잠재력을 극대화할 수 있다는 점이다. 예를 들어 예체능계의 유명인 중에는 어릴 때부터 체계적인 교육을 받은 경우가 많다. 또 다른 조기 교육의 장점은 아이의 학업 경쟁력을 높일 수 있다는 점이다. 이 외에도 조기 교육에서의 다양한 경험은 아이의 세계관을 넓히는 데 도움이 된다.

그러나 조기 교육은 부모의 강요에 의해 이루어질 수 있다는 문제점이 있다. 이로 인해 아이는 스트레스를 받거나 억압적인 학습 경험의 반발로 학업에 흥미를 느끼지 못할 수 있다. 또한 조기 교육이 과도하게 이루어질 경우 아이들의 정서 발달에 부정적인 영향을 미칠 수 있다.

〈제60회 쓰기 54번 모범 답안〉

☀ COOL TIP

1 문제에 제시된 과제는 모두 써야 합니다.

2 접속사나 표현들이 반복되지 않도록 합니다.

3 중심 문장에 뒷받침하는 문장(이유나 근거, 예)이 오는 것이 좋습니다.

4 본론에 개인적 경험을 쓰는 것이 좋지 않습니다. 객관적인 시각에서 써야 합니다.

📋 연습 문제

※   아웃라인을 작성하여 본론을 완성하십시오.

1.

> 미니 냉장고, 미니 전기밥솥, 미니 소주 등 1인 가구를 위한 제품들이 인기를 끌고 있다. 통계청 조사에 따르면 2017년 한국의 가구 수는 2천만 가구를 넘어섰고 그 중 1인 가구 비율이 30%에 육박한다고 한다. 이러한 '1인 가구의 증가 원인과 문제점'에 대해 자신의 의견을 쓰라.
>
> • 1인 가구의 증가 원인은 무엇인가?
> • 1인 가구 증가로 생기는 문제점은 무엇인가?
> • 1인 가구의 대책 방안은 무엇인가?

🔖 Outline

[증가 원인]

• 결혼에 대한 인식 변화를 들 수 있다.

   ⊕ _____

     _____

• 경제적인 문제를 들 수 있다.

   ⊕ _____

     _____

[문제점]

• 저출산, 고령화 문제가 심각해짐에 따라 국가 경쟁력을 약화시킬 수 있다.

• _____

  _____

📋 본론 쓰기

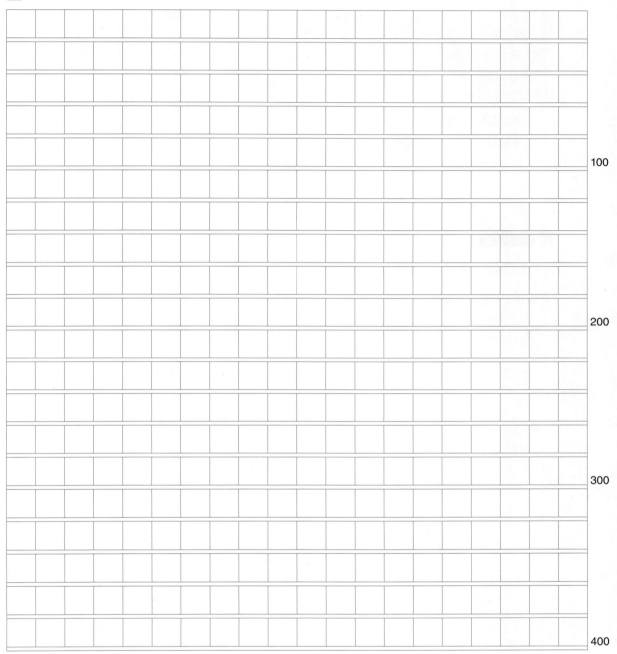

100

200

300

400

2.

> 동물실험은 새로운 제품이나 치료법의 효능과 안정성을 확인하기 위한 것으로 동물을 이용한 실험이 다양한 분야에서 활용되고 있다. 인간이 과연 동물들을 마음대로 이용하고 실험의 대상으로 삼을 권리가 있는지에 대해 자신의 입장을 쓰라.

- 동물실험은 왜 해야 하는가?
- 동물실험을 하면 안 되는 이유는 무엇인가?
- 동물실험에 찬성하는가, 반대하는가? 근거를 들어 자신의 의견을 쓰라.

⬗ Outline

하면 안되는 이유

- 동물실험은 동물이 겪을 고통을 전혀 고려하지 않은 잔혹하고 비윤리적이다.

   ⊕ _____

   _____

- _____

   ⊕ _____

   _____

📋 본론 쓰기

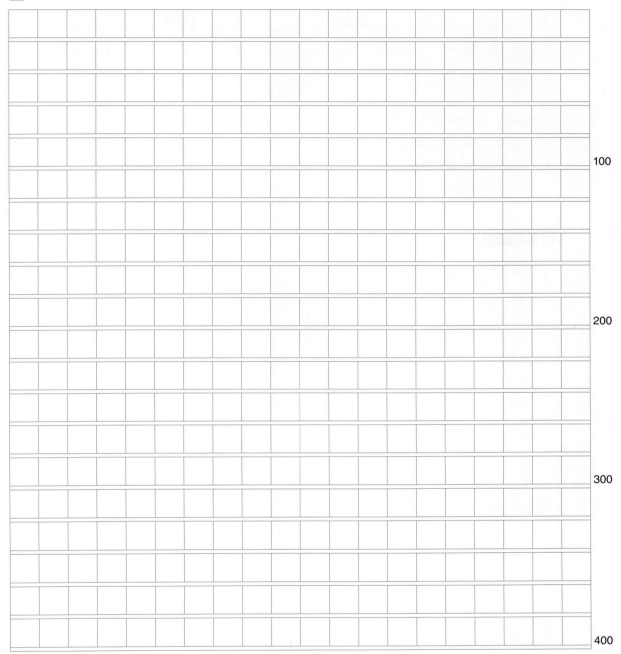

3.

> 　요즘 젊은이들은 성형 수술은 물론 지방 흡입이나 눈썹 문신을 거부감 없이 한다. 이렇게 해서라도 예뻐진다면 행복할 거라고 생각하는 젊은 친구들이 적지 않다. 그러나 외모와 행복 만족도가 꼭 비례한다고는 할 수 없다. '외모가 행복에 미치는 영향'에 대해 자신의 의견을 쓰라.

> - 외모가 행복에 얼마나 많은 영향을 미치는가?
> - 외모와 행복 만족도의 관계는 어떠한가?
> - 어떻게 사는 것이 행복인가?

Outline

외모가 행복에 미치는 영향

- _____
  _____
  _____

- _____
  _____
  _____

외모와 행복 만족도의 관계

- _____
- _____

📋 본론 쓰기

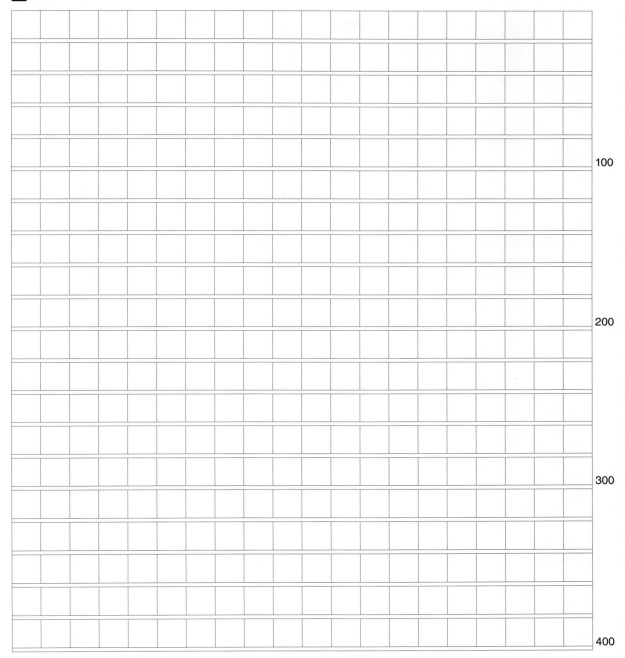

4.

> 인공 지능은 Siri부터 자율 주행 자동차에 이르기까지 빠르게 발전하고 있다. 인간의 능력을 뛰어넘고 있는 인공 지능은 우리의 기대와 우려를 동시에 주고 있다. 아래의 내용을 중심으로 인공 지능에 대한 자신의 생각을 쓰라.
>
> • 인공 지능 기술이 미치는 긍정적인 영향은 무엇인가?
> • 인공 지능 기술의 부정적인 영향은 무엇인가?
> • 인공 지능 기술로 인해 다가올 문제에 대한 해결 방안은 무엇인가?

Outline

부정적인 영향

•

•

•

📋 본론 쓰기

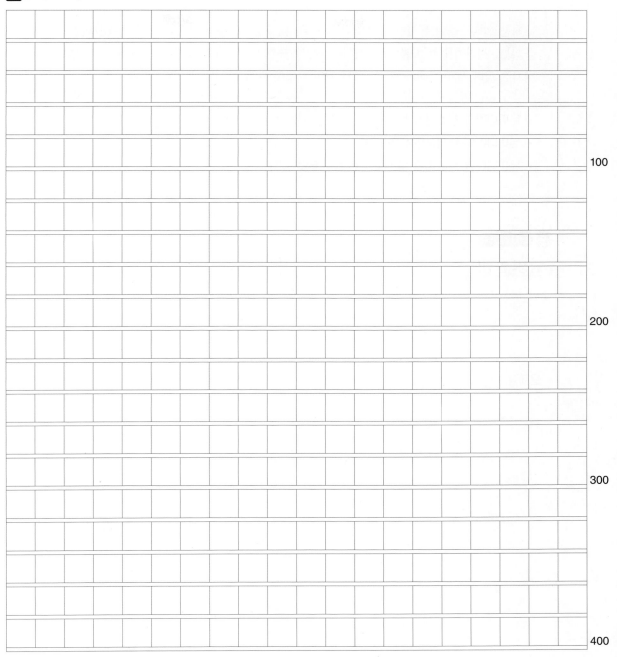

100

200

300

400

5.

> 　최근 인터넷을 이용하는 컴퓨터, 스마트폰, 태블릿 PC 등의 보급이 빠르게 확산되면서 다양한 정보를 쉽고 편리하게 받아볼 수 있게 되었다. 이러한 뉴미디어의 등장은 청소년에게 다방면으로 영향을 끼치고 있다. '뉴미디어가 청소년에게 미치는 영향'에 대해 자신의 의견을 쓰라.

- 뉴미디어가 청소년에게 미치는 긍정적인 영향은 무엇인가?
- 뉴미디어의 문제점은 무엇인가?
- 뉴미디어를 올바르게 활용하는 방법은 무엇인가?

Outline

긍정적인 영향

- _____
- _____

문제점

- _____
- _____
- _____
- _____

📋 본론 쓰기

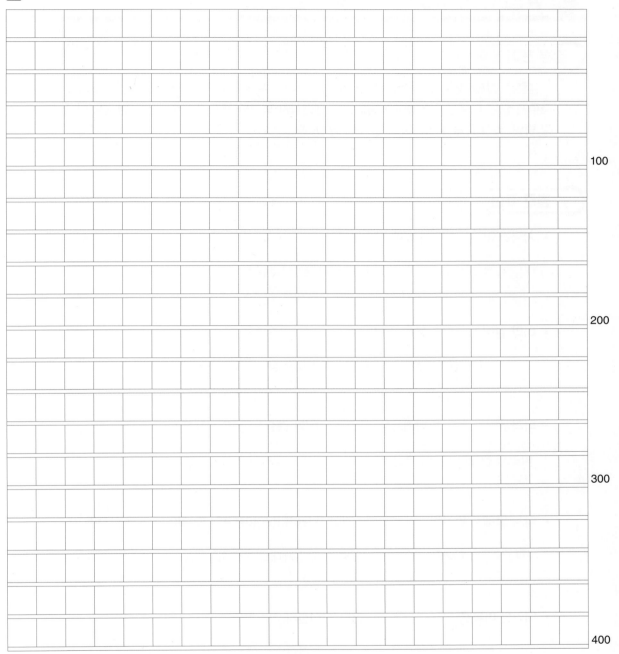

100

200

300

400

알맹이 채우기 5 ｜ 결론 쓰기

결론 쓰기 전략

결론은 전체적인 내용을 마무리 짓는 부분입니다. 본론의 내용이 압축되어 있는 곳이기 때문에 본론에서 다루지 않은 내용을 쓸데없이 덧붙이거나 개인적인 의견을 넣지 않도록 주의해야 합니다. 앞으로의 전망, 해결 방안, 입장 등을 정리하여 쓰는 것이 좋습니다.

결론 표현

- **지금까지 _____ 에 대해 살펴보았다.**

  지금까지 조기 교육의 장점과 문제점에 대해 살펴보았다.

- **이와 같이 _____ 을/ㄹ 것이다.**

  이와 같이 무분별한 성형수술 광고는 불필요한 성형수술을 부추길 것이다.

- **따라서 _____ 기 위해서는 _____ 이/가 중요하다(필요하다).**

  따라서 원활한 의사소통을 위해서는 청자의 적극적이고 협력적인 태도가 중요하다.

- **다시 말해서(말하면) _____ 는 것이 중요하다(-어야/아야 할 것이다, -지 않으면 안 된다).**

  다시 말해서 마케팅은 고객의 욕구와 선호를 제대로 파악하는 것이 중요하다.

- **이러한 이유로 _____ 에 반대한다/찬성한다.**

  이러한 이유로 교내 핸드폰 사용에 반대한다.

결론 쓰기의 예

> 요즘은 아이가 학교에 들어가기 전 어릴 때부터 악기나 외국어 등 여러 가지를 교육하는 경우가 많다. 이러한 조기 교육은 좋은 점도 있지만 문제점도 있다. 아래의 내용을 중심으로 '조기 교육의 장점과 문제점'에 대해 자신의 의견을 쓰라.
>
> • 조기 교육의 장점은 무엇인가?
> • 조기 교육의 문제점은 무엇인가?
> • 조기 교육에 찬성하는가, 반대하는가? 근거를 들어 자신의 의견을 쓰라. ──→ 결론

결론 : 입장

• 조기 교육에 반대한다
  ⊕ 조기 교육은 학습자의 자발성과 내적 동기를 전제로 이루어진 교육이 아니다.
  ⊕ 아이는 무엇을 배우고 싶은지 명확히 인지하지 못할 가능성이 크다.

> 조기 교육의 장점에도 불구하고 위의 문제점을 고려하였을 때 조기 교육을 실시하는 것이 적절하지 않다고 생각한다. 진정한 교육이란 학습자의 자발성과 내적 동기를 전제로 이루어진다고 생각하기 때문이다. 아이는 발달 중에 있고 경험이 적기 때문에 자신이 무엇을 배우고 싶은 지 명확히 인지하지 못할 가능성이 크다. 이는 아이의 동기보다 보호자의 바람이 조기 교육에 더 큰 영향을 미치게 되는 이유이기도 하다. 이러한 이유로 조기 교육을 실시하는 것에 반대한다.

〈제60회 쓰기 54번 모범 답안〉

☀ COOL TIP

❶ 문제에 제시된 세 개의 과제 중 마지막 과제가 결론에 해당하는 경우가 많습니다.

※   아웃라인을 작성하여 결론을 완성하십시오.

1.

> 　미니 냉장고, 미니 전기밥솥, 미니 소주 등 1인 가구를 위한 제품들이 인기를 끌고 있다. 통계청 조사에 따르면 2017년 한국의 가구 수는 2천만 가구를 넘어섰고 그 중 1인 가구 비율이 30%에 육박한다고 한다. 이러한 '1인 가구의 증가 원인과 문제점'에 대해 자신의 의견을 쓰라.

- 1인 가구의 증가 원인은 무엇인가?
- 1인 가구 증가로 생기는 문제점은 무엇인가?
- 1인 가구의 대책 방안은 무엇인가?

Outline

[방안]

- 정부가 안정된 일자리를 보장해야 한다.

- _____

결론 쓰기

																				100
																				200

2.

동물실험은 새로운 제품이나 치료법의 효능과 안정성을 확인하기 위한 것으로 동물을 이용한 실험이 다양한 분야에서 활용되고 있다. 인간이 과연 동물들을 마음대로 이용하고 실험의 대상으로 삼을 권리가 있는지에 대해 자신의 입장을 쓰라.

- 동물실험은 왜 해야 하는가?
- 동물실험을 하면 안 되는 이유는 무엇인가?
- 동물실험에 찬성하는가, 반대하는가? 근거를 들어 자신의 의견을 쓰라.

📚 Outline

입장

- 동물실험을 계속해야 한다.

  ⊕ _____

  ⊕ _____

📋 결론 쓰기

3.

> 요즘 젊은이들은 성형 수술은 물론 지방 흡입이나 눈썹 문신을 거부감 없이 한다. 이렇게 해서라도 예뻐진다면 행복할 거라고 생각하는 젊은 친구들이 적지 않다. 그러나 외모와 행복 만족도가 꼭 비례한다고는 할 수 없다. '외모가 행복에 미치는 영향'에 대해 자신의 의견을 쓰라.

- 외모가 행복에 얼마나 많은 영향을 미치는가?
- 외모와 행복 만족도의 관계는 어떠한가?
- 어떻게 사는 것이 행복인가?

Outline

어떻게 사는 것이 행복인가?

-
-

결론 쓰기

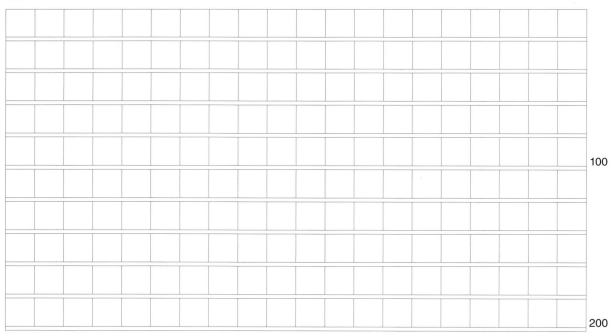

4.

> 인공 지능은 Siri부터 자율 주행 자동차에 이르기까지 빠르게 발전하고 있다. 인간의 능력을 뛰어넘고 있는 인공 지능은 우리의 기대와 우려를 동시에 주고 있다. 아래의 내용을 중심으로 인공 지능에 대한 자신의 생각을 쓰라.
>
> • 인공 지능 기술이 미치는 긍정적인 영향은 무엇인가?
> • 인공 지능 기술의 부정적인 영향은 무엇인가?
> • 인공 지능 기술로 인해 다가올 문제에 대한 해결 방안은 무엇인가?

☰ Outline

[해결 방안]

•

•

📋 결론 쓰기

100

200

5.

> 최근 인터넷을 이용하는 컴퓨터, 스마트폰, 태블릿 PC 등의 보급이 빠르게 확산되면서 다양한 정보를 쉽고 편리하게 받아볼 수 있게 되었다. 이러한 뉴미디어의 등장은 청소년에게 다방면으로 영향을 끼치고 있다. '뉴미디어가 청소년에게 미치는 영향'에 대해 자신의 의견을 쓰라.

- 뉴미디어가 청소년에게 미치는 긍정적인 영향은 무엇인가?
- 뉴미디어의 문제점은 무엇인가?
- 뉴미디어를 올바르게 활용하는 방법은 무엇인가?

Outline

올바르게 활용하는 방법

- _____

- _____

결론 쓰기

100

200

알맹이 채우기 6 : 하나의 글 완성하기

📋 연습 문제

1. ⏳ ___ 분 ___ 초

> 　　미니 냉장고, 미니 전기밥솥, 미니 소주 등 1인 가구를 위한 제품들이 인기를 끌고 있다. 통계청 조사에 따르면 2017년 한국의 가구 수는 2천만 가구를 넘어섰고 그 중 1인 가구 비율이 30%에 육박한다고 한다. 이러한 '1인 가구의 증가 원인과 문제점'에 대해 자신의 의견을 쓰라.

- 1인 가구의 증가 원인은 무엇인가?
- 1인 가구 증가로 생기는 문제점은 무엇인가?
- 1인 가구의 대책 방안은 무엇인가?

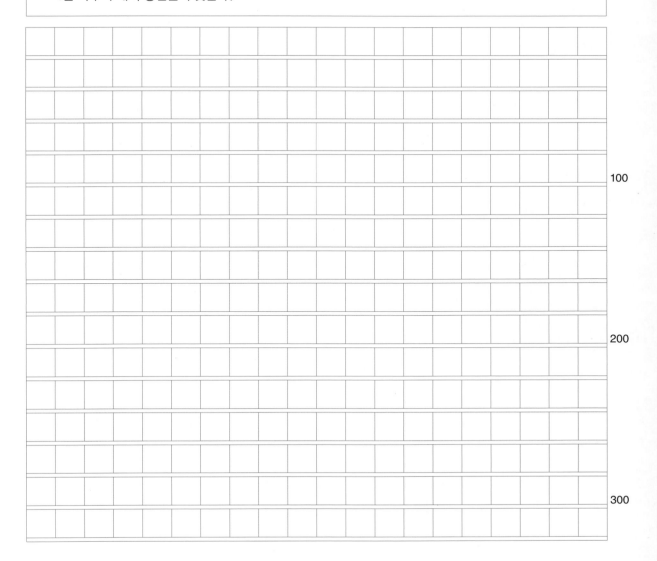

2.   ⏳ ___ 분 ___ 초

동물실험은 새로운 제품이나 치료법의 효능과 안정성을 확인하기 위한 것으로 동물을 이용한 실험이 다양한 분야에서 활용되고 있다. 인간이 과연 동물들을 마음대로 이용하고 실험의 대상으로 삼을 권리가 있는지에 대해 자신의 입장을 쓰라.

- 동물실험은 왜 해야 하는가?
- 동물실험을 하면 안 되는 이유는 무엇인가?
- 동물실험에 찬성하는가, 반대하는가? 근거를 들어 자신의 의견을 쓰라.

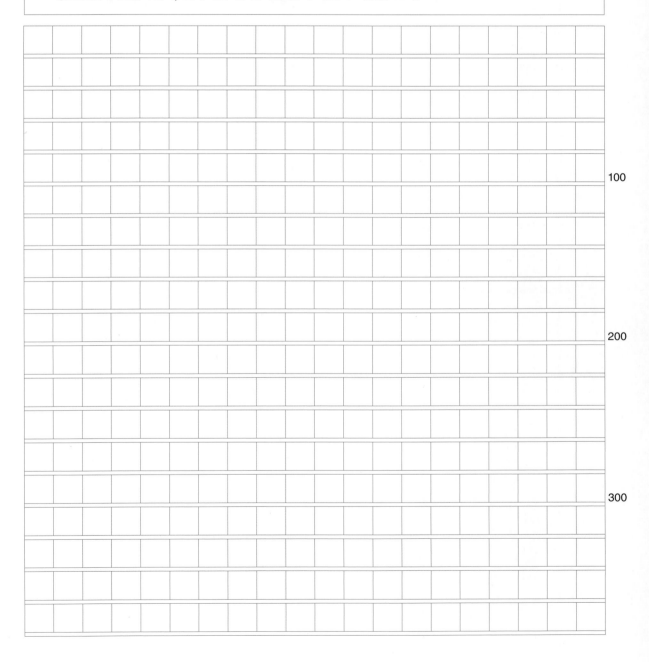

400

500

600

700

3.

⌛ ____분 ____초

요즘 젊은이들은 성형 수술은 물론 지방 흡입이나 눈썹 문신을 거부감 없이 한다. 이렇게 해서라도 예뻐진다면 행복할 거라고 생각하는 젊은 친구들이 적지 않다. 그러나 외모와 행복 만족도가 꼭 비례한다고는 할 수 없다. '외모가 행복에 미치는 영향'에 대해 자신의 의견을 쓰라.

- 외모가 행복에 얼마나 많은 영향을 미치는가?
- 외모와 행복 만족도의 관계는 어떠한가?
- 어떻게 사는 것이 행복인가?

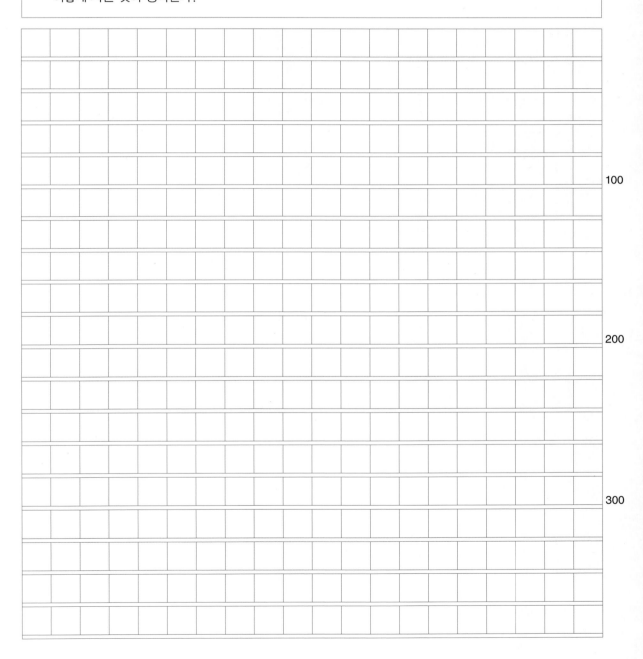

100

200

300

400

500

600

700

4.

⌛ ___분 ___초

> 인공 지능은 Siri부터 자율 주행 자동차에 이르기까지 빠르게 발전하고 있다. 인간의 능력을 뛰어넘고 있는 인공 지능은 우리의 기대와 우려를 동시에 주고 있다. 아래의 내용을 중심으로 인공 지능에 대한 자신의 생각을 쓰라.

- 인공 지능 기술이 미치는 긍정적인 영향은 무엇인가?
- 인공 지능 기술의 부정적인 영향은 무엇인가?
- 인공 지능 기술로 인해 다가올 문제에 대한 해결 방안은 무엇인가?

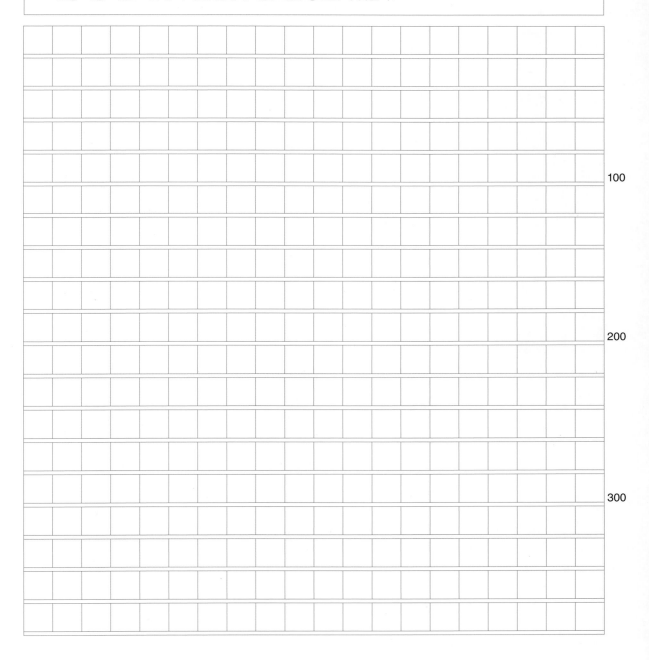

5.　　　　　　　　　　　　　　　　　　　　　　　　　　　　　⏳ ＿＿＿ 분 ＿＿＿ 초

> 최근 인터넷을 이용하는 컴퓨터, 스마트폰, 태블릿 PC 등의 보급이 빠르게 확산되면서 다양한 정보를 쉽고 편리하게 받아볼 수 있게 되었다. 이러한 뉴미디어의 등장은 청소년에게 다방면으로 영향을 끼치고 있다. '뉴미디어가 청소년에게 미치는 영향'에 대해 자신의 의견을 쓰라.

- 뉴미디어가 청소년에게 미치는 긍정적인 영향은 무엇인가?
- 뉴미디어의 문제점은 무엇인가?
- 뉴미디어를 올바르게 활용하는 방법은 무엇인가?

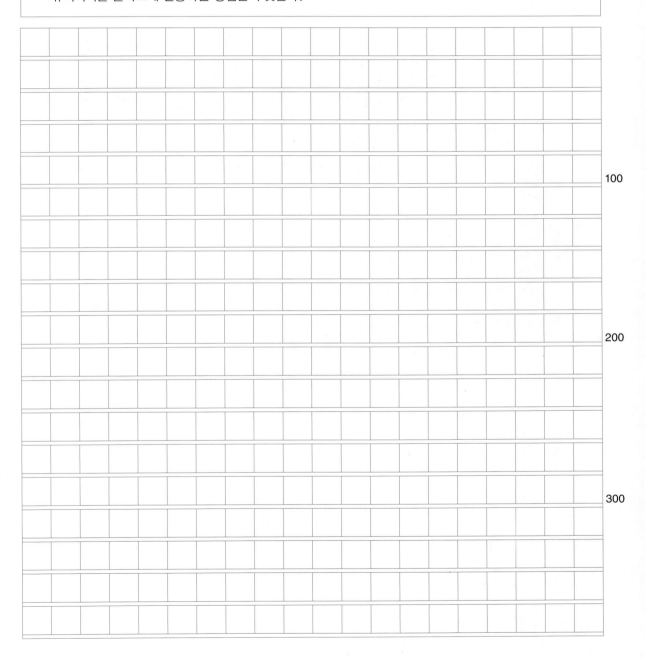

400

500

600

700

알맹이 채우기 7 | 30분 안에 쓰기

연습 문제

1. 다음을 주제로 하여 자신의 생각을 600~700자로 글을 쓰시오.　⧖ ＿＿분 ＿＿초

> 　　기후변화는 일정한 지역에서 장기간에 걸쳐서 나타나는 기후의 평균적인 상태가 변화하는 것으로, 이러한 변동은 지구 내부의 작용이나 외부의 힘에 의한 것일 수도 있고 인간의 활동에 의한 것일 수도 있다. 이러한 '기후 변화가 인간 생활에 미치는 영향'에 대해 아래의 내용을 중심으로 자신의 생각을 쓰십시오.

> - 기후변화는 왜 일어나는가?
> - 기후변화는 인간 생활에 어떤 영향을 미치는가?
> - 기후변화를 해결하는 방법은 무엇인가?

Outline

서론 ＿＿＿＿＿＿＿＿＿＿＿＿＿＿＿＿＿＿＿＿＿＿＿＿＿＿＿＿＿＿＿＿＿＿＿

＿＿＿＿＿＿＿＿＿＿＿＿＿＿＿＿＿＿＿＿＿＿＿＿＿＿＿＿＿＿＿＿＿＿＿＿＿

본론 ＿＿＿＿＿＿＿＿＿＿＿＿＿＿＿＿＿＿＿＿＿＿＿＿＿＿＿＿＿＿＿＿＿＿＿

＿＿＿＿＿＿＿＿＿＿＿＿＿＿＿＿＿＿＿＿＿＿＿＿＿＿＿＿＿＿＿＿＿＿＿＿＿

＿＿＿＿＿＿＿＿＿＿＿＿＿＿＿＿＿＿＿＿＿＿＿＿＿＿＿＿＿＿＿＿＿＿＿＿＿

＿＿＿＿＿＿＿＿＿＿＿＿＿＿＿＿＿＿＿＿＿＿＿＿＿＿＿＿＿＿＿＿＿＿＿＿＿

결론 ＿＿＿＿＿＿＿＿＿＿＿＿＿＿＿＿＿＿＿＿＿＿＿＿＿＿＿＿＿＿＿＿＿＿＿

＿＿＿＿＿＿＿＿＿＿＿＿＿＿＿＿＿＿＿＿＿＿＿＿＿＿＿＿＿＿＿＿＿＿＿＿＿

＿＿＿＿＿＿＿＿＿＿＿＿＿＿＿＿＿＿＿＿＿＿＿＿＿＿＿＿＿＿＿＿＿＿＿＿＿

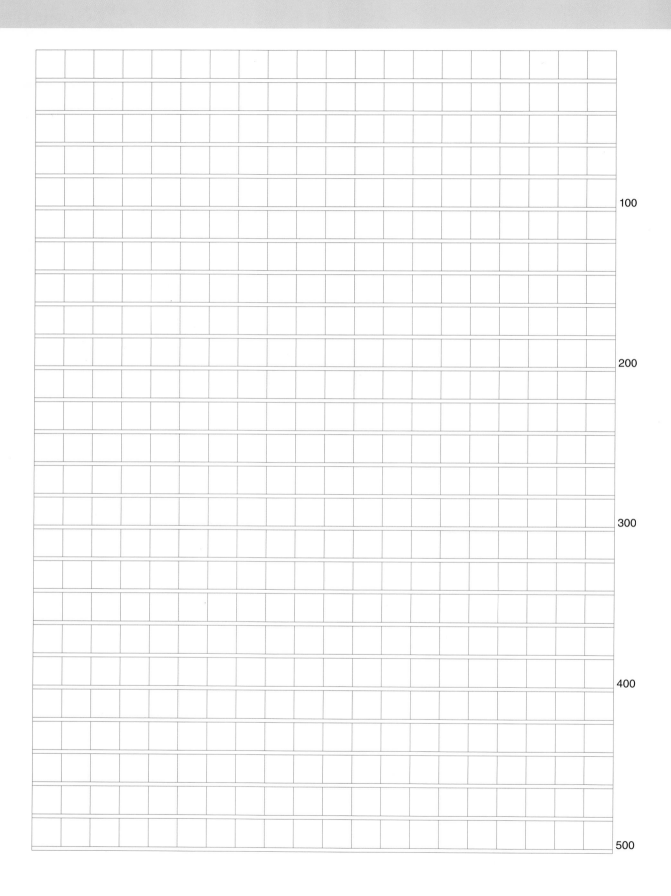

600

700

2. 다음을 주제로 하여 자신의 생각을 600~700자로 글을 쓰시오.   ⏳ _____분 _____초

> 현재 전 세계에서 사용하는 휴대전화는 약 50억 대로 추정되고 있다. 이 가운데 약 절반 정도는 스마트폰이 차지하고 있고, 나머지 전화는 일반 휴대전화인 것으로 나타났다. 특히 젊은 세대일수록 스마트폰을 사용하는 비율이 높아지면서 그에 따른 문제도 생겨나고 있다. '스마트폰 사용으로 인한 문제점과 해결 방안'에 대해 아래의 내용을 중심으로 자신의 생각을 쓰십시오.

- 스마트폰 사용 비율이 높아지는 이유는 무엇인가?
- 스마트폰 사용으로 인한 문제점은 무엇인가?
- 스마트폰 사용을 줄이기 위해 어떠한 노력이 필요한가?

Outline

서론

_____

_____

본론

_____

_____

_____

_____

_____

결론

_____

_____

_____

3. 다음을 주제로 하여 자신의 생각을 600~700자로 글을 쓰시오.   ⏳ ____분 ____초

> 최근 바이러스 감염 사태로 인해 비대면 진료가 전 세계적으로 활성화되고 있는 가운데 원격 의료에 대한 논의가 활발하게 이루어지고 있다. 아래의 내용을 중심으로 '원격 의료의 장점과 문제점'에 대해 자신의 의견을 쓰라.
>
> - 원격 의료의 장점은 무엇인가?
> - 원격 의료의 문제점은 무엇인가?
> - 원격 의료에 찬성하는가, 반대하는가? 근거를 들어 자신의 의견을 쓰라.

Outline

서론 _____

_____

본론 _____

_____

_____

_____

_____

결론 _____

_____

_____

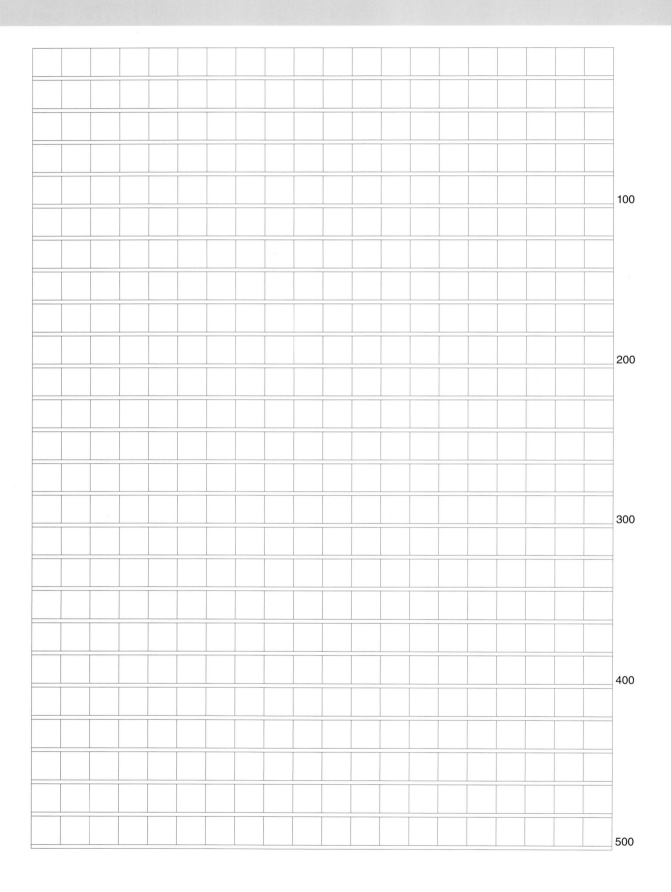

600

700

알맹이 채우기 8 : 글말 알아두기

🔑 말을 할 때와 글을 쓸 때는 표현이 달라지므로 입말과 글말을 구분하여 쓸 수 있어야 합니다.

1) 줄임말

입말	글말	입말	글말
근데	그런데	그럼	그러면
뭘	무엇을	좀	조금
뭐가	무엇이	땜에	때문에
난	나는	젤	제일
이게/그게/저게	이것이/그것이/저것이	–는 게	–는 것이
첨	처음	–는 걸	–는 것을

2) 조사

입말	글말
한테	에게
한테서	에게서
이랑/랑, 하고	와/과

3) 부사

입말	글말
되게, 진짜, 정말, 너무	매우
제일	가장

4) 어미

입말	글말
–어서/아서	–어서/아서
–으니까/니까	–으므로/므로
–어요?/아요?	–는가/은가/ㄴ가?

5) 기타

글을 쓸 때는 줄여 쓰는 것보다 풀어 쓰는 것이 좋습니다.

•했다 → 하였다   •됐다 → 되었다   •줬다 → 주었다   •이런/그런/저런 → 이러한/그러한/저러한

알맹이 채우기 **9** : 마지막 점검

🔑 한국어를 정확히 표현하기 위해서는 문장의 오류를 찾아 스스로 고치는 연습이 필요합니다.

📝 연습 문제

※ 다음 문장에서 틀린 부분을 찾아 고쳐봅시다.

1. 성공한 사람들은 소통하는 방법을 확실히 알다.

→ _____

2. 무리하게 운동을 하면 아파지기가 쉽다.

→ _____

3. 무엇보다도 회사의 분위기가 중요한다고 생각한다.

→ _____

4. 한국 사람은 가장 좋아하는 음식은 김치찌개이다.

→ _____

5. 나에게 맞는 치수가 없는다.

→ _____

6. 중요한 물건을 보낼 때는 보험에 들지 않으면 안 되다.

→ _____

7. 요즘 사람들은 복잡한 도시보다 조용한 곳에 살고 싶다.

→ _____

8. 많은 학생들이 함께 모여서 하는 게 좋아한다.

→ _____

9. 대중매체란 신문, 잡지, 라디오,텔레비전 등 다양한 정보를 전달한다.

→ _____

10. 사과가 다이어트에 도움이 되는 것을 나타났다.

→ _____

11. 최근 코로나19 바이러스가 확산된다.

→ _____

12. 인터넷 쇼핑은 시간과 장소에 구애 받지 않고 할 수 있는 장점이 있다.

→ _____

13. 전문가의 말에 의하면 불황은 또 다른 기회다.

→ _____

14. 그 동아리가 재미있어 보이니까 가입하였다.

→ _____

15. 불규칙적인 생활이 지속되면 우울증이나 불안감이 발생할 거다.

→ _____

16. 아침밥을 챙겨 먹는다는 답변은 2%을 그쳤다.

→ _____

17. 역사는 왜 배웁니까?

→ _____

18. 군대에서도 핸드폰을 사용하도록 하는 방안이 추진되는 전망이다.

→ _____

19. 아이가 싫어한다면 무리하게 시키는 필요가 없다.

→ _____

20. 아이들이 부모가 칭찬할 때 자존감이 올라간다.

→ _____

📎 **공부 방법**

STEP 1: 문제를 읽고 무엇을 물어보고 있는지 파악한다.
STEP 2: 교재에 나와 있는 아웃라인을 보기 전에 스스로 아웃라인을 작성한다.
STEP 3: 교재의 아웃라인과 비교해 보고 자신의 아웃라인을 다시 한번 정리한다.
STEP 4: 아웃라인을 바탕으로 글을 작성한다.

1.

생활의 편리를 위해 한 번 쓰고 버리는 일회용품이 보편화되고 있다. 우리에게 편리함을 주는 대신에 일회용품의 무분별한 사용은 지구 환경에 위협이 되고 있다. 아래의 내용을 중심으로 '일회용품 쓰레기 증가 원인과 해결 방안에 대해 자신의 의견을 쓰라.

• 일회용품 쓰레기가 증가하는 원인은 무엇인가?
• 일회용품 쓰레기 증가로 생기는 문제점은 무엇인가?
• 일회용품 쓰레기를 줄일 수 있는 방법은 무엇인가?

🍂 Outline

서론 • 플라스틱으로 뒤덮인 해변, 플라스틱을 먹고 죽은 물고기 등 플라스틱이 자연의 생존을 위협하고 있는 일은 더 이상 새로운 이야기가 아니다.

본론 　증가하는 원인
• 배달 음식과 밀키트 등을 선호하는 소비 경향이 늘어남으로써 일회용품 쓰레기가 늘어나고 있다.

　문제점
• 해양 생태계가 파괴되고 있다.
　⊕ 바다로 흘러간 비닐 봉투에 목이 긴 채 살아가는 바다 거북, 쓰레기 더미로 가득한 고래 뱃속 등 사람이 버린 플라스틱 쓰레기로 인해 죽은 해양 생물들이 점점 늘어나고 있다.
• 땅에서도 문제이다.
　⊕ 매립지는 이미 포화 상태에 이르렀고 버려진 플라스틱이 수로를 막아 홍수 위험을 높이고 있다.
　⊕ 플라스틱이나 비닐을 태우는 과정에서 여러 독성 물질들이 배출된다.

결론 　방법
• 플라스틱 컵 대신 텀블러를, 나무 젓가락 대신 쇠 젓가락을, 티슈 대신 손수건을 사용하는 등 사소한 것부터 실천해 보는 게 좋다.

2.

> 안락사란 불치병으로 회복의 가망이 없는 환자의 고통을 덜어주기 위하여 인위적으로 죽음에 이르게 하는 것이다. 개인의 죽음에 대한 자유권을 제공하고 고통을 덜어준다는 점에서 긍정적인 측면이 있다. 하지만 생명의 가치를 떨어뜨린다는 부정적인 측면 또한 있다. 여러분은 어느 쪽의 의견에 동의하는가?
>
> - 안락사의 긍정적인 측면은 무엇인가?
> - 안락사의 부정적인 측면은 무엇인가?
> - 안락사에 찬성하는가, 반대하는가? 근거를 들어 자신의 의견을 쓰라.

Outline

서론
- 안락사는 병으로부터 엄청난 고통을 받고 있는 환자가 본인 혹은 가족의 요구에 따라 고통이 적은 방법으로 죽을 수 있도록 돕는 것을 말한다.

본론 긍정적인 측면
- 불치병 환자의 극심한 고통을 방치하는 것은 비인간적이다.
  - ⊕ 고통을 실제로 겪는 환자에게는 매일매일이 고통스러운 나날이다.
- 회복이 불가능한 환자에게 의료 행위를 계속하는 것은 엄청난 경제적 손실이다.
  - ⊕ 연구 보고서에 따르면 회복 불가능한 환자에게 드는 한달 비용이 천만원 이상이 드는 것으로 나타났다.

부정적인 측면
- 인간의 생명은 무엇보다 소중한 것이다.
  - ⊕ 회복 불가능한 환자의 고통을 덜어주는 것이 아니라 귀찮고 쓸모없는 인간을 제거하는 수단이 될 수도 있다.
- 안락사를 오남용할 수 있다.
  - ⊕ 처음에는 안락사를 선택할 수 있는 사람 대다수가 말기 질병 환자였지만 나중에 무분별하게 이용된다면 범죄로도 이어질 수 있다.

결론 입장
- 안락사를 실시하는 것이 적절하다고 생각한다.
  - ⊕ 치료 가능성이 없는 환자의 고통을 덜어 줄 필요가 있다.
  - ⊕ 환자 가족들의 심리적, 경제적 고통을 생각해야 한다.
  - ⊕ 고통스러운 삶보다는 편안한 죽음이 더 나을 수 있고 인간은 존엄하고 고통에서 벗어날 권리가 있다.

3.

> 경쟁이라는 단어는 시장 경제 체제에서 살아가는 우리들에게 무척이나 친숙한 단어이다. 오늘날 우리 일상생활에 사용되고 있는 휴대폰, TV와 의료 기술의 발달은 모두 경쟁이 낳은 산물이다. 그러나 경쟁이 우리에게 긍정적인 영향만을 주는 것은 아니다. 아래의 내용을 중심으로 경쟁에 대한 자신의 의견을 쓰라.

> · 현대 사회에서 경쟁이 심해지는 이유는 무엇인가?
> · 경쟁이 미치는 긍정적인 영향은 무엇인가?
> · 경쟁이 미치는 부정적인 영향은 무엇인가?

🔖 Outline

서론　[경쟁이 심해지는 이유]

- 현대 사회는 소위 치열한 무한 경쟁 사회라고 할 수 있다.
  - ⊕ 입시 경쟁, 취업 경쟁 등 태어나면서부터 경쟁은 우리의 일상 속에서 끊임없이 일어나고 있다.
- 사회적 기회나 자원은 제한되어 있고 이를 얻고자 하는 사람들은 증가하고 있다.

본론　[긍정적인 영향]

- 실제로 우리 사회에서 살아가려면 무한한 노력을 끊임없이 해야 하는데 경쟁은 그 노력을 야기하기 때문에 삶의 원동력이라도 할 수 있다.
  - ⊕ 경쟁이 필요 없는 복지가 풍족한 사회라면 단순히 아무 생각없이 놀고 먹을 것이다.
- 무엇을 하든 오래 반복하는 것은 대부분 매너리즘에 빠진다. 그럴 때 경쟁자에게 자극을 받는 것은 큰 도움이 된다.
  - ⊕ 경쟁자의 새로운 시도나 성공에 자극을 받아 끊임없이 자신에게 동기 부여를 하는 것은 경쟁을 즐기는 좋은 방법이다.

결론　[부정적인 영향]

- 경쟁이 너무 지나치면 문제가 된다. 지나친 경쟁은 부패를 일으킬 수 있다.
  - ⊕ 무한 경쟁 사회에서 경쟁은 끊임없는 노력으로 인한 발전을 가져올 수 있지만 너무 과한 경쟁은 사회적 손실을 낳을 수 있기 때문에 너무 과한 경쟁은 피해야 할 것이다.

4.

> 　역사상 가장 오래된 논쟁 중 하나가 사형 제도이다. 죄인은 당연히 죗값을 치러야 한다는 입장과 사형 제도가 범죄 예방에 도움이 되지 않는다는 의견이 팽배하다. 이에 대해 아래의 내용을 중심으로 자신의 의견을 쓰라.
>
> - 사형 제도가 왜 필요한가?
> - 사형 제도의 문제점은 무엇인가?
> - 사형 제도에 찬성하는가, 반대하는가 근거를 들어 자신의 의견을 쓰라.

🗇 Outline

서론
- 큰 죄를 저지르게 되면 그에 맞는 무거운 처벌을 받는 것은 어느 나라이든 크게 다르지 않을 것이다. 특히 다른 사람의 생명을 빼앗을 경우에는 사형이라는 무거운 형벌을 받게 된다.

본론　[왜 필요한가?]
- 사형 제도는 범죄를 예방할 수 있다.
  - ⊕ 사형은 생명을 박탈하는 극형으로 일반인에게 겁을 주어 범죄 억제 효과가 크다.
- 살인이나 유괴 등의 흉악 범죄의 생명을 박탈하는 것은 사회적 정의이다.

　[문제점]
- 사형 제도와 범죄 감소율의 연관성을 찾기가 어렵다.
  - ⊕ 미국의 경우 사형 제도를 유지하고 있는 전체 주의 인구 10만 명당 살인 발생 건수는 4.6명인데 반해 사형 제도를 폐지한 주의 인구 10만 명당 살인 발생 건수는 2.9명으로 오히려 낮다.
- 국가가 사람의 생명을 뺏을 권리는 없다.
  - ⊕ 범죄자도 인권이 있다. 만약 사형을 집행한 후 진짜 범인이 나타나면 다시 되돌릴 수 없다.

결론　[입장]
- 사형 제도를 실시하는 것은 적절하지 않다.
  - ⊕ 사형은 권력자 등에 의해 남용되고 악용될 수 있다.
  - ⊕ 오판의 가능성이 있다.

5.

> 세계적으로 모바일 기기 사용 시간이 급속도로 늘어남에 따라 보행 중 모바일 기기 이용 시 발생하는 사고 문제도 급부상하고 있다. 이에 보행 중 스마트폰 하는 것을 규제해야 한다는 의견이 대두되고 있다. '보행 중 스마트폰 사용 금지법'에 대해서 자신의 의견을 쓰라.

- 보행 중 스마트폰 사용 금지법이 왜 필요한가?
- 보행 중 스마트폰 사용 금지법에 따른 문제점은 무엇인가?
- 법 제정 외에 다른 대안으로 무엇이 있는가?

📚 Outline

서론
- 전화, 문자 메시지 전송뿐만 아니라 인터넷 이용까지 스마트폰은 일상에서 떼어낼 수 없는 존재이다.
- 보행 중 스마트폰 사용으로 목숨을 잃는 사고가 빈번하게 일어나고 있다.

본론 [왜 필요한가?]
- 스마트폰 보행 사고가 늘어나고 있다
  - ⊕ 국가안전처 발표에 의하면 매년 스마트폰 보행자 사고가 늘어나는 것으로 나타났다.
- 법이 아닌 캠페인만으로는 효과가 없다.
  - ⊕ 미국의 포트리 시는 이 법을 만들기 전에 캠페인을 벌였지만 아무 효과가 없었다.
- 운전자들의 스마트폰 사용을 법으로 금지하는 것처럼 보행자들의 스마트폰 사용도 법으로 제정해야 한다.

[문제점]
- 보행 중에도 스마트폰이 필요하다.
  - ⊕ 길을 찾거나 버스를 이용할 때 스마트폰을 꼭 써야 한다.
- 개인의 자유를 막아서는 안 된다.
  - ⊕ 보행자의 스마트폰 사용을 법으로 금지하는 곳은 별로 없다.

결론 [대안]
- 스마트폰을 보며 걷는 보행자도 신호 등을 식별할 수 있도록 횡단보도 부근에 스마트폰 정지선을 표시한다.
- 횡단보도 부근에 경고판이나 음성 안내를 설치하는 것도 좋은 방법이다.

6.

> 　최근 이웃집 반려견에게 물리는 사고가 자주 발생하면서 반려동물 문제가 사회적인 문제로 대두되고 있다. 애완동물을 키우는 사람과 여전히 동물을 꺼리거나 동물로 인해 불편함을 느끼는 사람들 사이에 분쟁들이 잇따르고 있다. '반려동물에 대한 문제와 대책'에 대해서 자신의 의견을 쓰라.

- 반려동물이 늘어나는 이유는 무엇인가?
- 반려동물이 늘어나면서 일어나는 문제는 무엇인가?
- 반려동물에 대한 대책은 무엇인가?

🗇 Outline

서론 　늘어나는 이유

- 혼자 사는 인구가 늘어나면서 허전하고 외로운 마음을 달래기 위해 반려견과 함께 살아가는 사람들이 많아지고 있다.

본론 　문제

- 유기견이 늘어나고 있다.
  - ⊕ 충동적으로 동물을 양육하다가 병원비 등 양육비가 많이 들고 소음, 배변 등 문제 행동이 나타나면서 버리거나 학대하는 일이 많아지고 있다.
- 반려동물 입마개를 착용하지 않음으로써 주변 사람들을 공격하여 중상을 입히는 사례가 많아지고 있다.
  - ⊕ 한국은 맹견의 입마개 착용만을 의무화하고 있으나 최근 소형견들이 입마개를 착용하지 않음으로써 생기는 사건, 사고도 늘고 있다.

결론 　대책

- 반려동물 등록을 철저히 하고 그에 따른 의무를 이행하도록 해야 한다.
- 개 물림 사고가 발생하면 보호자에게 사고에 대해서 강력하게 처벌하고 책임, 관리 의무를 강하게 일깨워야 할 필요가 있다.

7.

> 　최근 수술과 관련하여 많은 문제가 발생함에 따라 수술실에 CCTV를 설치해야 한다는 주장이 나오기 시작했다. 이에 대해 수술실에 CCTV가 설치된다면 수술 환경에 방해가 된다는 병원의 입장과 환자의 알 권리를 위해 CCTV 설치에 찬성하는 입장이 대립하고 있다. 아래의 내용을 중심으로 '수술실 CCTV 설치'에 대해 자신의 의견을 쓰라.

- 수술실 CCTV 설치에 왜 찬성하는가?
- 수술실 CCTV 설치에 왜 반대하는가?

📚 Outline

서론
- 최근 '수술실 CCTV 설치 의무화' 법안을 둘러싸고 논란이 계속되고 있다. 대리 수술 논란으로 수술실 CCTV 설치 의무화가 제기되고 있는 가운데 예방적 차원과 감시, 처벌을 위한 규제라는 점에서 환자와 의사 간의 입장이 첨예하게 갈리고 있다.

본론　[왜 찬성하는가?]
- 의료 사고에 대한 증빙 자료를 수집할 수 있다.
  - ⊕ 입증 책임 명확하게 할 수 있다.
- 불법 행위를 감시할 수 있다.
  - ⊕ 안전하게 수술 받을 환자의 권리이다.

[왜 반대하는가?]
- 의료 분쟁이 급증할 것이다.
  - ⊕ 정상적인 치료에 대해서도 환자와 보호자들의 불만족이 발생할 때마다 의료인의 과실을 입증하려는 의도로 촬영 자료 열람을 요청하는 것은 빈번한 의료 분쟁을 확대시킬 수 있다.
- 환자의 민감 정보가 유출될 우려가 있다.
  - ⊕ 수술 환자의 신체 부위 노출 및 녹화 파일에 대한 저장, 관리의 어려움이 있다.

결론
- 수술실 CCTV 설치는 의료 문화를 완전히 바꿀 수 있는 문제이니 만큼 신중하게 검토해야 한다.
- 수술실 내에서 발생하는 문제들을 보다 근본적으로 해결할 수 있는 방안이 있어야 한다.

8.

> 동물원은 남녀노소 할 것 없이 많은 사람들이 찾고 있는 시설 중 하나이다. 동물원은 동물 보호와 연구를 진행하거나 관람객에게 동물 관련 지식을 제공하는 곳이지만 최근 동물원의 환경을 개선해야 한다는 동물 보호 단체의 목소리가 커지면서 동물원을 폐지해야 한다는 주장이 나오고 있다. '동물원의 존폐'에 대한 자신의 의견을 쓰라.

- 동물원은 있어야 하는 이유는 무엇인가?
- 동물원을 없애야 하는 이유는 무엇인가?
- 동물원 폐지에 찬성하는가, 반대하는가? 근거를 들어 자신의 의견을 쓰라.

📚 Outline

서론
- 동물원은 아이들의 교육, 어른들의 힐링 공간으로 활용되어 지금까지도 많은 사람들이 여러 동물을 찾고 있다.
- 동물들을 찾고 있는 사람들은 즐거운 시간을 보내고 있지만 과연 동물들은 행복할까 하는 의문이 든다.

본론 [있어야 하는 이유]
- 동물원이 사라지면 멸종 위기종을 보호하고 체계적인 번식을 통해 유지할 곳도 없어진다.
- 교육적인 측면도 무시할 수 없다.
  - ⊕ 어린이들에게 생태계를 가까이에서 접할 수 있는 곳이 동물원이 유일하다.

본론 [없애야 하는 이유]
- 동물원은 인간의 이기심이 만들어 낸 비인도적인 감옥이다.
  - ⊕ 동물이 시멘트 바닥에서 뒹굴고 엄청난 활동 반경을 가진 맹수가 좁은 공간에 갇혀 답답하게 맴돈다.
  - ⊕ 열악한 환경으로 인해 동물들이 이상 행동을 보이거나 스트레스로 일찍 죽는 사례도 많이 있다.

결론 [입장]
- 동물원 폐지에 반대한다.
  - ⊕ 전 세계의 수백만 마리의 동물원 동물들이 돌아갈 적합한 자연이 없다.

9.

스마트폰은 어느새 우리 삶에 없어서는 안 되는 필수품이 되었다. 스마트폰 하나만 있으면 언제 어디서든지 일을 처리할 수 있지만 스마트폰이 제공하는 편리한 기능으로 인해 다른 사람에게 의존할 필요가 없게 되었다. 스마트폰이 인간 관계에 미치는 영향에 대해 자신의 의견을 쓰라.

- 스마트폰이 인간 관계에 미치는 긍정적인 영향은 무엇인가?
- 스마트폰인 인간 관계에 미치는 부정적인 영향은 무엇인가?
- 스마트폰의 과다 사용에 대한 대책은 무엇인가?

📚 Outline

서론
- 남녀노소할 것 없이 모두가 가지고 있는 것이 스마트폰이다.
- 스마트폰은 기본적인 통화 이외에도 컴퓨터 기능을 갖추고 있어서 인터넷 검색, 게임, SNS 등을 이용하면서 삶의 편의와 즐거움을 주고 있다.

본론 [긍정적인 영향]
- 스마트폰은 외로움을 해소하고 친구들과 친밀감을 높이는데 도움이 된다.
  - ⊕ 오프라인 상에서 부족한 대인 관계와 사회적 지지를 온라인을 통해 보완적으로 습득할 수 있다.

[부정적인 영향]
- 가상 공간에서의 관계 형성 활동에 의존하게 됨에 따라 현실 세계에서 사회적 관계를 축소 또는 단절시켜 인간 관계 형성에 부정적인 영향을 미친다.
  - ⊕ 연구 결과에 따르면 스마트폰 중독 수준이 높을수록 사회성 발달이 낮은 것으로 나타났다.

결론 [대책]
- 스마트폰 사용에 대한 스스로의 통제력 또는 우울 등 부정적 정서를 회피할 목적으로 사용하지는 않는지 스마트폰 사용으로 일상 생활에 문제를 초래하지는 않는지 관리와 교육이 중요하다.
- 스마트폰 사용을 줄이고 다른 부분에 투자해 시간을 분산시키는 것도 좋은 방법이다.

10.

> 　최근 가짜 뉴스가 대량으로 유포되면서 국가 안보나 사회 질서를 저해하는 행위가 일어나고 있다.
> 이에 가짜 뉴스 방지법을 제정하여 가짜 뉴스를 제재해야 한다는 의견이 대두되고 있다. '가짜 뉴스 방
> 지법의 필요성과 그에 따른 문제점'에 대해 자신의 의견을 쓰라.

- 왜 가짜 뉴스 방지법이 필요한가?
- 가짜 뉴스 방지법 제정에 따른 문제점은 무엇인가?
- 법 제정 외에 다른 대안으로 무엇이 있는가?

📚 Outline

서론
- 가짜 뉴스란 사실처럼 포장된 그럴 듯한 뉴스를 말한다.
- 가짜 뉴스는 SNS, 유튜브 등 온라인에서 의도적이고 악의적으로 퍼트리는 경우가 많다.
  - ⊕ 소셜 미디어에서 나눠진 정보에 대해 독자들은 사실 확인을 거의 하지 않기 때문에 어떤 누군가
    는 피해를 입고 또 다른 누군가는 이익을 본다.

본론　**왜 필요한가?**
- 가짜 뉴스의 제작과 유포는 국민의 알 권리를 침해하고 나아가 관련 인물의 명예를 훼손시키고 공익
  을 해치는 행위이다.
  - ⊕ 어떤 특정한 건강 식품이 코로나 19를 예방하는 데 좋다는 허위 광고를 내보내 그 회사의 대표가
    사임하는 경우가 있었다.
  - ⊕ SNS에 '무슬림 남성에게 폭행을 당한 영국 여성들'이라는 가짜 사진을 유포하면서 유럽에서 무슬
    림 혐오 감정을 부추겼다.

　문제점
- 규제가 완벽한 대안이 될 수 없다.
  - ⊕ 언론의 자유를 침해하고 이용자의 표현 자유까지 과도하게 제약할 가능성이 크다.

결론　**대안**
- 가짜 뉴스와 진짜 정보를 구별하는 것이 매우 중요하다.
- 어떤 정보를 접하면 먼저 정보의 출처를 확인하고 그 출처가 알려진 미디어인지 확인하는 것이
  좋다.

memo

PART 5
실전 모의고사

※   **[51~52]** 다음을 읽고 ㉠과 ㉡에 들어갈 말을 각각 한 문장으로 쓰시오. (각 10점)

51.

| 게시판 | | |

외국어 교실 수강생 모집

원어민에게 외국어를 쉽고 재미있게 배우고 싶습니까? 이번에 서울시에서 (㉠   ). 외국어에 관심있는 분이라면 누구든지 신청이 가능합니다. 모집 인원은 선착순입니다. 관심이 있으신 분은 (㉡   ).

• 모집 기간: 2025. 1. 5. ~ 1. 10.
• 신청 방법: cooltopik@hangul.co.kr로 접수

52.

서로 가까운 거리에 있지만 모기에 잘 물리는 사람이 있는가 하면 짧은 옷을 입어도 모기에 물리지 않는 사람이 있다. 연구 결과에 의하면 땀을 많이 흘리는 사람이 모기에 많이 물리는 것으로 나타났다. 모기는 후각이 예민하게 발달되어 있어 (㉠   ). 따라서 모기에 가능한 한 물리지 않으려면 (㉡   ).

53. 다음을 참고하여 '여성의 경제 활동 참여율'에 대한 글을 200~300자로 쓰시오. 단, 글의 제목을 쓰지 마시오. (30점)

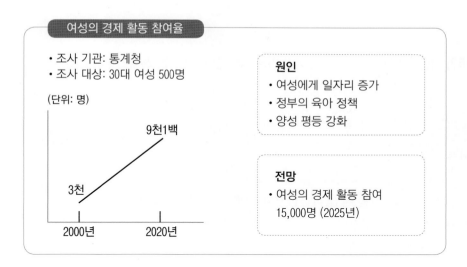

54. 다음을 주제로 하여 자신의 생각을 600~700자로 글을 쓰시오. 단, 문제를 그대로 옮겨 쓰지 마시오.(50점)

> 과학 기술의 발달은 인류 문명의 발전에 크게 기여하였다. 식량, 질병, 교통 등 다양한 방면에서 인간의 삶을 매우 윤택하고 풍요롭게 만들고 있다. 이처럼 과학 기술은 인간의 삶에 직접적인 영향을 주고 있다. 아래의 내용을 중심으로 '과학 기술의 발달이 인간에게 미친 영향'에 대해 자신의 의견을 쓰라.

- 과학 기술의 발달이 인간에게 미친 영향은 무엇인가?
- 과학 기술의 발달은 인간의 행복에 비례하는가?
- 과학 기술을 대하는 올바른 자세는 무엇인가?

⚙ **원고지 쓰기의 예**

	별	은		지	구	에	서		멀	리		떨	어	져		있	다	.		그
래	서		별	빛	이		지	구	까	지		오	는		데		많	은		

제1교시 듣기, 쓰기 시험이 끝났습니다. 제2교시는 읽기 시험입니다.

※ **[51~52]** 다음을 읽고 ㉠과 ㉡에 들어갈 말을 각각 한 문장으로 쓰시오. (각 10점)

51.

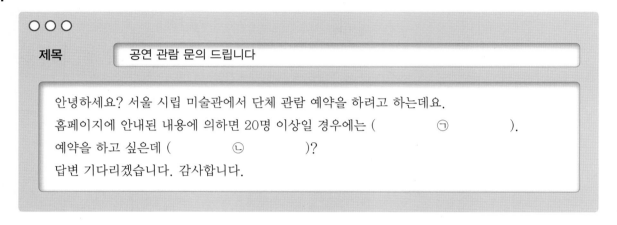

52.

> 우리는 빛은 좋은 것, 어둠은 나쁜 것으로 인식하는 경향이 있다. 그러나 (㉠   ).
> 밝은 빛도 너무 과하면 공해가 되는 것으로 나타났다. 빛 공해가 인간 뿐만 아니라 동물, 곤충, 식물 등의
> 행동에 부정적인 영향을 끼친다고 한다. 그러므로 불필요한 조명을 줄이고 (㉡   ).

53. 다음을 참고하여 '이직을 희망하는가'에 대한 글을 200~300자로 쓰시오. 단, 글의 제목을 쓰지 마시오.(30점)

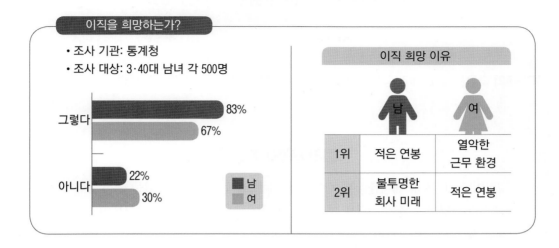

54. 다음을 주제로 하여 자신의 생각을 600~700자로 글을 쓰시오. 단, 문제를 그대로 옮겨 쓰지 마시오.(50점)

> 오늘날 자고 일어나면 신조어가 쏟아지는 세상에 살고 있다고 해도 과언이 아니다. 신조어는 주로 온라인 커뮤니티, SNS, 유튜브 등에서 활발히 쓰이고 있으며 순식간에 널리 퍼져 나가고 있다. 아래의 내용을 중심으로 '신조어 사용'에 대한 자신의 의견을 쓰라.

- 신조어를 사용하는 이유는 무엇인가?
- 신조어 사용의 문제점은 무엇인가?
- 신조어 사용에 대한 자신의 입장은 무엇인가?

⚙ **원고지 쓰기의 예**

	별	은		지	구	에	서		멀	리		떨	어	져		있	다	.		그
래	서		별	빛	이		지	구	까	지		오	는		데		많	은		

> 제1교시 듣기, 쓰기 시험이 끝났습니다. 제2교시는 읽기 시험입니다.

※ **[51~52]** 다음을 읽고 ⊙과 ⓒ에 들어갈 말을 각각 한 문장으로 쓰시오. (각 10점)

51.

엘리베이터 정기 점검 안내

고장이나 안전사고 대비를 위하여 (⊙   ). 정기 점검을 하는 동안에는 계단을 이용해 주시기 바랍니다. 정기 점검을 아래와 같이 실시하오니 주민 여러분께서는 (ⓒ   ). 자세한 사항은 아파트 관리실에 문의하시기 바랍니다.

- 일시: 2022년 12월 2일(수) 10:00~12:00
- 장소: 전층 엘리베이터

52.

비타민 D는 식품으로 섭취하지 않아도 햇빛을 통해 비타민D를 얻을 수 있다. 그러나 지나치게 자외선에 노출되면 피부암이나 피부 노화의 원인이 되므로 (⊙   ). 그러나 나이가 들수록, 비만일수록 같은 양의 햇빛에 노출되어도 비타민 D 흡수 능력은 떨어진다. 그러므로 (ⓒ   ).

---

53. 다음을 참고하여 '한국인 1인당 연간 커피 소비량'에 대한 글을 200~300자로 쓰시오. 단, 글의 제목을 쓰지 마시오.(30점)

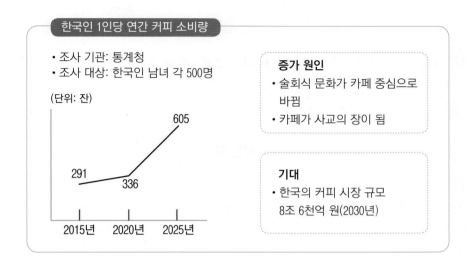

54. 다음을 주제로 하여 자신의 생각을 600~700자로 글을 쓰시오. 단, 문제를 그대로 옮겨 쓰지 마시오.(50점)

> 최근 몇 년간 인터넷, 스마트폰 등을 통한 SNS가 급속하게 보급되면서 온라인을 통한 팬덤 활동 또한 급격히 늘어나고 있다. 대중문화가 일반화되면서 대중문화는 10대 문화의 일부분이 되었다고 해도 과언이 아니다. 아래의 내용을 중심으로 팬덤 문화에 대한 자신의 의견을 쓰라.

- 팬덤 문화가 청소년에게 미치는 긍정적인 영향은 무엇인가?
- 팬덤 문화가 청소년에게 미치는 부정적인 영향은 무엇인가?
- 팬덤 문화에 대한 자신의 입장은 무엇인가?

⚙ 원고지 쓰기의 예

	별	은		지	구	에	서		멀	리		떨	어	져		있	다	.		그
래	서		별	빛	이		지	구	까	지		오	는		데		많	은		

> 제1교시 듣기, 쓰기 시험이 끝났습니다. 제2교시는 읽기 시험입니다.

※　**[51~52]** 다음을 읽고 ㉠과 ㉡에 들어갈 말을 각각 한 문장으로 쓰시오. (각 10점)

51.

잃어버린 물건을 찾습니다.

　　3월 25일 오후 4시 쯤에 도서관 1층 열람실에서 (　　　　㉠　　　　). 정신 없이 가방을 챙기다가 지갑을 흘린 것 같습니다. 지갑은 약간 오래된 갈색 가죽 지갑입니다. 지갑 안에 신용카드와 증명사진 몇 장이 있습니다. 이 지갑을 (　　　　㉡　　　　). 찾아 주시는 분께는 꼭 감사의 마음을 전하겠습니다. 제 연락처는 010-1234-1234 입니다.

52.

　　생활 습관으로 치매를 예방할 수 있다는 연구 결과가 발표되었다. 우선 걷기와 계단 이용하기, 스트레칭하기 등 (　　　　㉠　　　　). 그 다음으로 운동하기, 독서하기, 영화 관람하기 등과 같은 (　　　　㉡　　　　). 이처럼 지속적으로 뇌세포를 자극해 줄 수 있는 두뇌 활동을 한다면 치매 위험의 감소에 긍정적인 영향을 줄 수 있다.

---

53. 다음을 참고하여 '한국'하면 무엇이 떠오르나요?에 대한 글을 200~300자로 쓰시오. 단, 글의 제목을 쓰지 마시오.(30점)

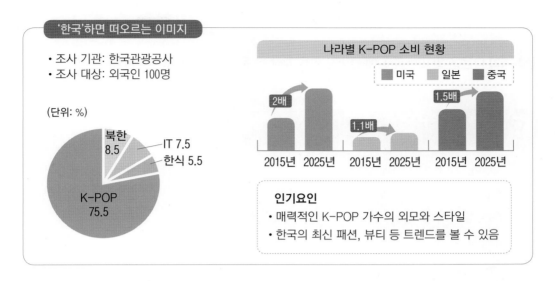

54. 다음을 주제로 하여 자신의 생각을 600~700자로 글을 쓰시오. 단, 문제를 그대로 옮겨 쓰지 마시오.(50점)

> 세계적으로 에너지 수요는 늘어가는 반면 석유, 석탄 등의 화석 연료는 고갈되어 가고 있다. 그러나 원자력 발전은 운영 비용이 저렴하다는 점에서 경제적이라는 평가를 받고 있지만 원자력 발전의 위험성도 크다. 아래의 내용을 중심으로 '원자력 발전'에 대한 자신의 의견을 쓰라.

- 원자력 발전은 왜 필요한가?
- 원자력의 문제점은 무엇인가?
- 원자력 발전 건설에 찬성하는가, 반대하는가 근거를 들어 자신의 의견을 쓰라.

⚙ 원고지 쓰기의 예

	별	은		지	구	에	서		멀	리		떨	어	져		있	다	.		그
래	서		별	빛	이		지	구	까	지		오	는		데		많	은		

제1교시 듣기, 쓰기 시험이 끝났습니다. 제2교시는 읽기 시험입니다.

※ **[51~52]** 다음을 읽고 ㉠과 ㉡에 들어갈 말을 각각 한 문장으로 쓰시오. (각 10점)

51.

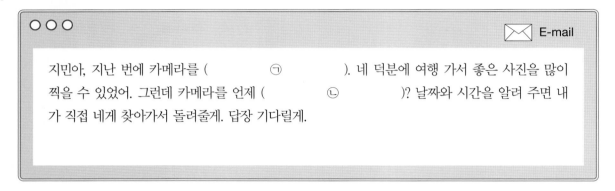

지민아, 지난 번에 카메라를 (㉠   ). 네 덕분에 여행 가서 좋은 사진을 많이
찍을 수 있었어. 그런데 카메라를 언제 (㉡   )? 날짜와 시간을 알려 주면 내
가 직접 네게 찾아가서 돌려줄게. 답장 기다릴게.

52.

재능 기부란 개인이 가지고 있는 능력을 개인의 이익을 위해서가 아닌 공공을 위해 사용하는 기부 형태
를 말한다. 재능 기부가 금전적인 기부와 다른 점은 두 가지가 있다. 첫째 금전적인 기부는 일회성이 대부
분이지만 재능 기부는 (㉠   ). 둘째 돈이 없어도 (㉡   ). 예를 들
면 목소리가 좋은 사람은 시각 장애인을 위해 자신의 목소리 재능을 기부할 수 있다.

53. 다음을 참고하여 '명품 소비율'에 대한 글을 200~300자로 쓰시오. 단, 글의 제목을 쓰지 마시오.(30점)

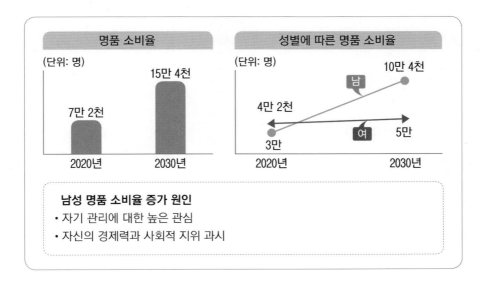

54. 다음을 주제로 하여 자신의 생각을 600~700자로 글을 쓰시오. 단, 문제를 그대로 옮겨 쓰지 마시오.(50점)

> 최근 몇 년간 소년 범죄가 더 흉악해지고 계획 범죄화가 되어가고 있다. 여론은 소년법의 솜방망이 처벌에 소년법 폐지를 통해 소년범들에게 경각심을 심어줄 필요가 있다고 주장하고 있다. 아래의 내용을 중심으로 '소년법 폐지'에 대한 자신의 의견을 쓰라.

- 왜 소년법을 폐지해야 하는가?
- 소년법을 폐지함으로써 발생하는 문제점은 무엇인가 ?
- 소년법 폐지 대안으로 무엇이 있는가?

⚙ **원고지 쓰기의 예**

	별	은		지	구	에	서		멀	리		떨	어	져		있	다	.		그
래	서		별	빛	이		지	구	까	지		오	는		데		많	은		

> 제1교시 듣기, 쓰기 시험이 끝났습니다. 제2교시는 읽기 시험입니다.

memo

memo

한국어능력시험

COOL TOPIK II
── 쓰기 ──

초판발행	2022년 6월 10일
초판 2쇄	2023년 7월 13일
저자	강은정
책임편집	양승주, 권이준, 김아영
펴낸이	엄태상
디자인	이건화
조판	이서영
콘텐츠 제작	김선웅, 장형진, 조현준
마케팅	이승욱, 왕성석, 노원준, 조성민, 이선민
경영기획	조성근, 최성훈, 구희정, 김다미, 최수진, 오희연
물류	정종진, 윤덕현, 신승진, 구윤주
펴낸곳	한글파크
주소	서울시 종로구 자하문로 300 시사빌딩
주문 및 교재 문의	1588-1582
팩스	0502-989-9592
홈페이지	http://www.sisabooks.com
이메일	book_korean@sisadream.com
등록일자	2000년 8월 17일
등록번호	제300-2014-90호

ISBN　　979-11-6734-013-9 14710
　　　　978-89-5518-533-1 (set)

한국어능력시험
COOL TOPIK II
쓰기
정답 및 해설

한글파크

한국어능력시험

COOL TOPIK II
쓰기

정답 및 해설

한글파크

PART 1   51번 유형

알맹이 채우기 2   5분 안에 쓰기

📋 예상 문제   p.25

1. [정답 예시]

㉠ • 제가 가지고 있는 것들을 무료로 드리려고 합니다

• 가지고 있던 것을 정리하려고 합니다

• 짐을 정리하려고 합니다

㉡ • 관심이 있으신 분은 연락을 주십시오

• 필요하신 분은 연락을 주시기 바랍니다

• 필요하신 분은 문자 메시지를 보내 주십시오(남겨 주십시오)

[감점 및 오답]

㉠ **오답** 물건들을 팔려고 합니다

: 제목이 '무료로 드립니다'이므로 물건을 판다는 내용이 들어가면 안 됩니다.

감점 물건을 드리려고 해요

: 종결어미가 '-습니다/ㅂ니다'이므로 '해요'를 '합니다'라고 쓰는 것이 좋습니다.

㉡ **감점** 관심이 있으신 분은 연락을 하세요

: 글을 쓴 사람에게 연락을 해 달라는 내용이므로 '(나에게) 연락을 주세요.'라고 써야 합니다.

2. [정답 예시]

㉠ 해야 한다고 들었습니다(했습니다)

㉡ • 서투른데 한국말을 못해도 신청할 수 있습니까(있을까요)

• 서투른데 한국말을 못해도 괜찮을까요(괜찮은지요)

• 서투른데 신청해도 됩니까(될까요)

[감점 및 오답]

㉠ **오답** 해야 합니다

: '친구에게 물어보니까'라는 표현에서 알 수 있듯이 다른 사람의 말을 전해야 하는 상황이므로 간접화법 '-는다고/ㄴ다고/다고 하다'는 표현을 써야 합니다.

감점 해야 한대요

: 문의하는 내용이므로 구어적인 표현 '-는대요/ㄴ대요/대요'보다는 '-는다고/ㄴ다고/다고 합니다' 표현을 써야 합니다.

㉡ **오답** 못하는데 한국말을 신청할 수 있습니까?

: '못하는데' 앞에 '한국말이'의 조사 '이'가 있으므로 '못하다'가 오면 안 됩니다.

※ 을/를 못하다, 이/가 서투르다

오답 1급 수준입니다

: (㉡)의 문장 부호가 '?(물음표)'로 끝나고 있으므로 의문형이 와야 합니다.

감점 서투른데 신청해도 돼요?

: 종결어미가 '-습니다/ㅂ니다'이므로 '돼요?'를 '됩니까?'라고 써야 합니다.

정답 및 해설

3. **[정답 예시]**

- ㉠ • 제가 갑자기 일이 생겨서 교수님을 찾아뵙지 못할 것 같습니다
  - • 개인적인 사정으로 교수님과의 약속을 못 지킬 것 같습니다
- ㉡ • 다음 주에 찾아뵈어도 괜찮을까요
  - • 모레 찾아가도 될까요
  - • 다음 주 월요일 시간 괜찮으십니까
  - • 다음에 찾아뵈어도 될까요
    - ※ 문장 안에 미래를 나타내는 부사어 '다음 주', '모레' 등이 있어야 합니다.

[감점 및 오답]

㉠ **감점** 제가 갑자기 일이 생겨서 못 가요
: 곤란한 상황에서는 단정적으로 '못 가요'라고 표현하는 것보다 '-을/ㄹ 것 같다'를 사용하는 것이 좋습니다.

㉡ **오답** 다음 주에 찾아뵙고 싶습니다
: (㉡)의 문장 부호가 '?(물음표)'로 끝나고 있으므로 의문형으로 써야 합니다.

4. **[정답 예시]**

- ㉠ • 바빠서(정신이 없어서) 그만 깜빡 잊어버리고 말았어
  - • 바빠서(정신이 없어서) 깜빡 잊어버렸어
  - • 바빠서(정신이 없어서) 깜빡했어
  - • 너무 바빴어
- ㉡ • 언제 시간이 돼(만날 수 있어)
  - • 언제가 좋아(괜찮아)

[감점 및 오답]

㉠ **감점** 약속을 못 지켰어
: (㉠) 바로 뒤에 '약속을 못 지켜서'라는 말이 반복되므로 (㉠)에는 약속을 못 지킨 이유 '바빠서 잊어버렸다', '정신이 없어서 깜빡했다' 등의 내용이 오는 것이 좋습니다.

㉡ **감점** 만나고 싶은데 만날 수 있어요
: 종결어미가 비격식체 반말 '-어/아'이므로 '-어요/아요'로 쓰면 감점이 됩니다.

5. **[정답 예시]**

- ㉠ • 신년회를 하려고 합니다
  - • 신년회를 하고자 합니다
- ㉡ • 답신을 주시기 바랍니다
  - • 알려 주시기 바랍니다
  - • 알려 주십시오

[감점 및 오답]

㉠ **감점** 신년회를 합니다
: 신년회에 초대하는 것이 목적이므로 '-으려고/려고 하다'를 써야 합니다.

감점 신년회를 해요
: 종결어미가 '-습니다/ㅂ니다'이므로 '-어요/아요'로 쓰면 감점이 됩니다.

ⓒ **감점** 알려 주실 수 있을까요?

: (ⓒ)의 문장 부호가 '.(마침표)'로 끝나고 있으므로 의문형이 오면 안 됩니다.

오답 정해 주십시오

: (ⓒ) 앞의 내용에 '아래의 메일로'라고 쓰여 있으므로 참석할 수 있는지 없는지 결정해서 알려 달라는 내용이 들어가야
합니다.

6. **[정답 예시]**

ⓐ • 대학교(대학원)에 입학할 수 있었습니다

• 제가 원하는 회사에 입사할 수 있었습니다

• 장학금을 받을 수 있었습니다

ⓑ • 교수님, 언제 시간이 되십니까

• 교수님, 언제 찾아뵈면 될까요

[감점 및 오답]

ⓐ **오답** 잘 지낼 수 있었습니다

: (ⓐ) 앞의 내용에 '추천서'가 나와 있으므로 추천서가 필요한 상황의 내용이 있어야 합니다.

ⓑ **감점** 교수님, 언제 찾아뵈면 될까요

: '찾아뵙다'와 '찾아뵈다' 같은 의미의 단어이지만 활용 방법이 다릅니다. '찾아뵙다'의 어간 '뵙-'은 자음 어미만 결합할 수
있고, '찾아뵈다'의 어간 '뵈-'는 모음 어미와 결합합니다.
(예) 찾아**뵙**다 + **-겠**습니다. (O)   찾아**뵈**다 + **-겠**습니다. (X)

7. **[정답 예시]**

ⓐ 저와 언어 교환을 하실 분을 찾고 있습니다

ⓑ • 한국어 문법을 잘 가르쳐 드릴 수 있습니다

• 한국어와 한국 문화에 대해서 잘 알려 드릴 수 있습니다

[감점 및 오답]

ⓐ **감점** 나와 함께 언어 교환을 할 사람을 찾고 있습니다

: 종결어미가 격식체인 '-습니다/ㅂ니다'이므로 '나'를 주어로 쓰는 것은 어색합니다. 상대방을 높이기 위해 자기를 낮추는 말
인 '저'를 써야 합니다.

오답 영어 말하기를 잘 못합니다. 영어를 잘하는 친구와 언어 교환을 하고 싶습니다

: 전체 내용에 어울리는 내용이지만 한 문장을 쓰는 문제이므로 두 문장을 쓰면 0점입니다.

ⓑ **오답** 한국말을 잘합니다

: 이 글을 쓴 사람은 '한국인 23살 남자'이므로 당연히 한국어를 잘 할 것입니다. 여기에서는 '한국어를 잘한다'라는 내용보다는
한국어를 전공하고 있기 때문에 한국어를 잘 가르쳐 줄 수 있다는 내용이 와야 합니다.

감점 한국어를 가르치는 것이 잘 압니다

: 의미는 이해할 수 있지만 문맥이 매우 어색합니다.

8. **[정답 예시]**

ⓐ • 누구든지 신청이 가능합니다

• 아무나 신청할 수 있습니다

ⓑ 이메일로 신청서를 보내 주시기 바랍니다

정답 및 해설

[감점 및 오답]

㉠ **감점** 아무도 신청할 수 있습니다

: '아무나'는 긍정의 뜻을 가진 서술어와 호응을 하고 '아무도'는 부정의 뜻을 가진 서술어와 호응을 합니다.

㉡ **오답** 어학당 홈페이지에서 신청하시기 바랍니다

: '신청 방법'에서 어학당 홈페이지에 있는 신청서를 가지고 이메일로 접수하라고 했으므로 문맥에 맞지 않는 문장입니다.

9. [정답 예시]

㉠ • 반 친구들과 연말 파티를 하려고 해

　 • 즐거운 연말 파티를 가지려고 해

　 • 송년회를 하려고 해

㉡ • 12월 31일에 참석할 수 있어

　 • 12월 31일에 올 수 있니

　 • 다음 주 금요일 어때(괜찮아)

[감점 및 오답]

㉠ **감점** 우리 한번 만날까

: 연말 파티에 초대하는 내용이므로 단순히 만나자는 내용만 들어가는 것은 문맥상 내용이 부족합니다. 그리고 (㉠) 문장 부호가 '.(마침표)'로 끝나고 있으므로 의문형이 오면 안 됩니다.

㉡ **오답** 연말 파티에 올 수 있어

: (㉡) 뒤의 문장에 '그 시간'이 있으므로 문장에 특정 시간이 들어가야 합니다.

10. [정답 예시]

㉠ • 착용해야 합니다(써야 합니다, 껴야 합니다)

　 • 해야 합니다

㉡ 불가능합니다

[감점 및 오답]

㉠ **감점** 착용합니다

: (㉠) 앞에 있는 '반드시'는 '-어야/아야 하다'와 함께 쓰이는 부사어입니다.

㉡ **오답** 할 수 있습니다

: '매장 이용이'에서 조사 '이'가 있으므로 '할 수 있습니다'가 오면 안 됩니다.

※ 을/를 하다, 이/가 불가능하다

🎓 **알맹이** 채우기**1** 문장의 호응 관계 익히기 1

📋 **연습 문제** p.33

1	ㄴ	2	ㄴ	3	ㄴ	4	ㄴ	5	ㄴ	6	ㄴ	7	ㄴ	8	ㄴ	9	ㄴ	10	ㄴ
11	ㄴ	12	ㄴ	13	ㄱ	14	ㄴ	15	ㄴ	16	ㄴ	17	ㄱ	18	ㄴ	19	ㄴ	20	ㄴ

🎓 **알맹이** 채우기**2** 문장의 호응 관계 익히기 2

📋 **연습 문제** p.37

1. 노후에는 노동의 기회가 줄어들기 때문에 젊었을 때 돈을 **모아야 한다**.
2. 무리한 운동을 하다가 다칠 수도 있기 때문에 자기**에게** 맞는 운동을 골라서 **해야 한다**.
3. 인터넷 쇼핑의 장점은 시간과 장소**에** 관계없이 할 수 있다는 **점이다**.
4. 면접을 볼 때 무엇보다도 중요한 것은 자신감**이** 있는 **태도이다**.
5. 평균 수면 시간이 짧으면 면역력**이 떨어질 수 있다**.
6. 운동을 하면서 스트레스를 받으면 건강**에** 더 **해로울 수 있다**.
7. 장수하기 위해서는 소식**하는 것이 좋다**.
8. 치매를 예방하기 위해서는 보다 적극적**인** 대비와 관리**가 필요하다**.
9. 시험 준비를 제대로 준비한다면 좋은 결과**를 얻을 것이다**.
10. 지구의 온도가 상승한다면 폭우, 폭염 등 기상 이변**이 나타날 것이다**.
11. 대화를 통해 서로 이해하려고 노력함으로써 세대 차이**를 좁힐 수 있다**.
12. 여러 분야의 책을 읽음으로써 다양**한** 간접 경험**을 할 수 있다**.
13. 한국 사람이라고 해서 한국어 문법을 제대로 **아는 것은 아니다**.
14. 싸다고 해서 질**이** 다 **나쁜 것은 아니다**.
15. 원유 가격이 폭등함에 따라 원자재 가격**도 오르고 있다**.
16. 일하는 여성이 늘어남에 따라 출산율**도 낮아지고 있다**.
17. 서울시 관계자에 의하면 내일**부터** 음주 단속을 **실시한다고 한다**.
18. 신문 기사에 의하면 한국**을** 방문하**는** 일본 여행객**이** 50% **줄었다고 한다**.
19. 어떤 일을 열심히 하다가 보면 그 분야의 전문가**가 될 수 있다**.
20. 운동을 꾸준히 하다가 보면 체중**이** 줄어들**고** 건강**도 좋아질 것이다(좋아질 수 있다)**.
21. 이번 프로젝트가 실패한 까닭은 팀원들 간**의** 의사소통**이** 잘 안 **되었기 때문이다**.
22. 경제 위기가 되풀이되는 까닭은 정부**가** 과거의 경제 상황을 살펴보지 **않기 때문이다**.
23. 지하철은 빠르**고** 편해**서 좋은 데 반해** 출퇴근 시간에 많은 사람들**이** 이용해서 **불편하다**.
24. 대도시 인구**는** 증가하**는 데 반해** 농어촌의 인구**는** 줄어들고 있다. / 증가한 **데 반해** 농어촌의 인구**는** 줄어들었다.
25. 소비자들의 눈이 높아졌으니만큼 상품**에** 차별화된 요소를 가지**고 있어야 한다**.
26. 청소년들이 보는 영상이니만큼 유해**한** 장면**은 피해야 한다**.
27. 인공 지능이 아무리 뛰어나다고 해도 인간**을 뛰어넘을 수 없다**.
28. 평소 건강하다고 해도 잘 관리하지 **않으면** 건강이 **나빠질 것이다**.
29. 어렸을 때부터 영어 조기 교육을 했더라면 지금**보다** 훨씬 영어를 **잘했을 것이다**.

정답 및 해설

30. 시간 관리를 제대로 <u>했더라면</u> <u>지금처럼 시간</u>에 쫓기지 <u>**않았을 것이다**</u>.

🎁 알맹이 채우기 3) 접속사 익히기

📋 연습 문제 p.44

1. **그런데**
   : 뒤 문장에서 앞 문장과 전혀 다른 화제에 대해서 이야기하고 있으므로 화제 전환을 나타내는 '그런데'가 와야 합니다.

2. **그래서**
   : 병이 난 이유가 쉬지 않고 일을 했기 때문이므로 이유의 '그래서'가 와야 합니다. 문어적인 내용이 아니므로 '그러므로'는 어색합니다.

3. **그러나, 그렇지만, 하지만, 그런데**
   : '전철 안에 임산부 배려석이 설치되어 있다'는 앞 내용이 '임산부가 아닌 사람들이 앉아 있다'는 뒤 내용과 상반되므로 빈칸에는 '그러나, 그렇지만, 하지만, 그런데' 등이 올 수 있습니다.

4. **그러나, 그렇지만, 하지만, 그런데**
   : '초콜릿, 사탕, 요구르트 등 설탕이 많이 들어간 음식이 많다'는 앞의 내용이 '이러한 음식에만 설탕이 들어 있는 것은 아니다'는 뒤 내용과 상반되므로 빈칸에는 '그러나, 그렇지만, 하지만, 그런데' 등이 올 수 있습니다.

5. **그러나, 그렇지만, 하지만, 그런데**
   : '텔레비전은 부정적인 영향을 미친다'는 앞 내용이 '나쁜 영향만을 끼치는 것은 아니다'라는 뒤 내용과 상반되므로 빈칸에는 '그러나, 그렇지만, 하지만, 그런데' 등이 올 수 있습니다.

6. **그래도**
   : 동아리에 가입하려면 춤을 잘 춰야 할 것 같지만 춤을 못 춰도 기초부터 가르쳐 준다고 하고 있으므로 양보의 '그래도'가 와야 합니다.

7. **그러므로, 따라서, 그래서**
   : '게임하는 시간을 정해 놓고 해야 한다'고 하는 이유 및 근거가 앞 문장('정신 건강에 좋지 않다')에 있으므로 빈칸에는 '그러므로, 따라서, 그래서' 등이 올 수 있습니다.

8. **그러므로, 따라서, 그래서**
   : '당신을 바꾸는 것도 자기 자신이어야 한다'고 하는 이유 및 근거가 앞 문장('당신을 만든 것은 자기 자신이다')에 있으므로 빈칸에는 '그러므로, 따라서, 그래서' 등이 올 수 있습니다.

9. **그러므로, 따라서, 그래서**
   : '확실한 처벌을 통해 경각심을 높여야 한다'고 하는 이유 및 근거가 앞 문장('처벌이 강하지 않기때문이다')에 있으므로 빈칸에는 '그러므로, 따라서, 그래서' 등이 올 수 있습니다.

10. **그뿐만 아니라, 게다가**
    : 유튜브의 장점을 앞, 뒤 문장에서 말하고 있으므로 빈칸에는 앞 문장의 내용을 덧붙일 때 사용하는 '그뿐만 아니라, 게다가' 등이 올 수 있습니다.

🎁 알맹이 채우기 4) 격식체 반말 익히기

📋 연습 문제 p.47

	-는다/ㄴ다/다		-는다/ㄴ다/다
쉬워요 형용사	쉽다	싶어요 형용사	싶다
어렵지 않아요 형용사	어렵지 않다	하면 돼요 동사	하면 된다
없어요 형용사	없다	몰라요 동사	모른다
힘들어요 형용사	힘들다	뛰어나요 형용사	뛰어나다

가지 않아요 동사	가지 않는다	좋아요 형용사	좋다
나아요 형용사	낫다	달라져요 동사	달라진다
필요해요 형용사	필요하다	싫어해요 동사	싫어한다
중요해요 형용사	중요하다	조사해요 동사	조사한다
알아요 동사	안다	나타나요 동사	나타난다
있어요 형용사	있다	달라요 형용사	다르다
바라요 동사	바란다	생각해요 동사	생각한다
해야 해요 동사	해야 한다	느껴져요 동사	느껴진다
빨라요 형용사	빠르다	좋아해요 동사	좋아한다
(돈이) 들어요 동사	(돈이) 든다	나와요 동사	나온다
유명해요 형용사	유명하다	가능해요 형용사	가능하다
궁금해요 형용사	궁금하다	감사해요 형용사	감사하다

알맹이 채우기 5 · 5분 안에 쓰기

예상 문제 p.50

1. ㉠ • 전자책은 가벼워서 가지고 다니기가 편하다
   • 전자책은 가지고 다니기가 편하다
   • 전자책은 가볍다
   ㉡ • 전자책은 언제 어디서나 쉽게 구매할 수 있다
   • 전자책은 쉽게 살 수 있다

2. ㉠ • 강한(심한) 근육 운동은 금물이다
   • 심한 운동은 안 하는 것이 좋다
   ㉡ • 가벼운 운동은 오전에, 힘든 운동은 오후에 하는 것이 좋다
   • 근육 운동은 저녁에 하는 것이 좋다

3. ㉠ • 숙면을 취할 수 없다
   • 수면에 방해가 된다
   ㉡ • 카페인 섭취를 줄이거나 가급적 오전에 마시는 것이 좋다
   • 가급적 잠들기 몇 시간 전에는 카페인이 든 음료는 피하는 것이 좋다
   • 커피를 마시지 않는 것이 좋다

4. ㉠ • 상대방의 눈을 똑바로 쳐다본다
   • 윗사람의 눈을 본다
   ㉡ • 윗사람이 말을 할 때 눈을 똑바로 보지 않는다
   • 상대방의 눈을 보지 않는다

5. ㉠ • 강점만 가지고 있는 것이 아니다
  • 제각기 강점과 약점이 있다

㉡ • 약점을 해결하기 위해서 어떠한 노력을 했는지를 쓰는 것이 좋다
  • 약점을 어떻게 극복했는지를 쓰는 것이 좋다

6. ㉠ • 하나는 선천적으로 타고나는 것이다
  • 하나는 선천적 요인이다

㉡ • 후천적으로 형성되는 것이다
  • 후천적 요인이다

7. ㉠ • 멀리 있는 친구와 게임을 함께 할 수 있고 얼굴을 보면서 대화를 나눌 수 있게 되었다
  • 멀리 있는 친구와 함께 다양한 것을 즐길 수 있게 되었다
  • 멀리 떨어져 있는 사람들과 많은 것을 공유할 수 있게 되었다

㉡ • 우리에게 편리함만을 주는 것은 아니다
  • 우리에게 긍정적인 영향만을 주는 것은 아니다

8. ㉠ • 너무 저렴한 제품은 사려고 하지 않는다
  • 너무 싼 물건은 사지 않는다

㉡ • 값이 싸다고 해서 다 품질이 나쁜 것은 아니다
  • 물건 값이 저렴하다고 해서 질이 다 떨어지는 것은 아니다

9. ㉠ • 음악을 들으면 집중이 잘 된다고 생각하는 사람들도 있다

㉡ • 음악 선택을 잘 하는 것이 좋다
  • 음악 선택을 잘 해야 한다

10. ㉠ • 시간이 오래 걸리더라도 문제를 자신이 직접 해결하는 것이다
  • 자신이 스스로 문제를 해결하는 것이다

㉡ • 다른 사람을 통해 문제를 해결하는 사람은 성공할 가능성이 낮다고 한다
  • 다른 사람에 의해 문제를 해결하려는 사람은 성공하기가 힘들다고 한다

PART 3 53번 유형

📦 **알맹이 채우기 2** 그래프 분석해서 쓰기

▷ **그래프 유형 (1)** 두 시점을 비교할 때

📋 **연습 문제** p.61

1. 2010년에 5만 1천 명, 2020년에 31만 명으로 10년 만에 약 6배 증가한 것으로(늘어난 것으로) 나타났다.
   10년 동안 크게(대폭)

2. 2014년에 4,000건, 2018년에 8,200건으로 4년 만에 약 2배 증가한 것으로(늘어난 것으로) 나타났다.
   4년 동안 크게(대폭)

3. 2008년에 75.8kg, 2017년에 65.0kg으로 9년 만에 1.2배 감소한 것으로(줄어든 것으로) 나타났다.
   9년 동안 소폭

4. 조사 결과를 살펴보면 2010년에 1만 1,200건, 2014년에 2만 2,400건으로 4년 만에 약 2배 증가한 것으로(늘어난 것으로) 나타났다.
   4년 동안 꾸준히

5. 조사 결과를 살펴보면 2019년 4월에 37,294명, 2020년 3월에 214,451명으로 1년 만에 사용자 수가 약 6배 증가한 것으로(늘어난 것으로) 나타났다.

▷ **그래프 유형 (2)** 세 시점을 비교할 때

📋 **연습 문제** p.64

1. 2010년에 17.7%에서 2015년에는 20.9%, 2020년에는 88.6%로 10년 만에(동안) 약 5배 증가한 것으로(상승한 것으로) 나타났다.

2. 2012년에 860만 명에서 2014년에는 1,300만 명, 2016년에는 1,400만 명으로 4년 만에 약 1.6배 증가한 것으로 나타났다.
   4년 동안 지속적으로 상승한 것으로
   4년 동안 꾸준히 늘어난 것으로

3. 2010년에 21,300명에서 2015년에 21,700명으로 증가하다가 2020년에는 21,600명으로 감소하였다.
   줄어든 것으로(떨어진 것으로) 나타났다.

4. 1인 방송 개설자 수를 살펴보면 2016년에 2,100명에서, 2017년에 4,100명으로 증가하다가 2018년에는 3,500명으로 감소하였다.
   줄어든 것으로(떨어진 것으로) 나타났다.

5. 외국인 유학생 수를 살펴보면 2017년에 9,000명에서 2018년에 8,800명으로 감소하였다. 그러나 2019년에 12,000명으로 증가하다가 2020년에는 10,000명으로 다시 감소하였다.
   줄어든 것으로(떨어진 것으로) 나타났다.

▷ **그래프 유형 (3)** 두 항목을 비교할 때

📋 **연습 문제** p.67

1. 전통 시장의 경우 2008년에 30조 원, 2018년에 10조 원으로 크게 감소한 반면 대형 마트는 2008년에 24조 원, 2018년에 34조 원으로 지속적으로 증가하였다.

2. 카드의 경우 2013년에 33%, 2016년에 55%로 지속적으로 증가한 반면 현금은 2013년에 63%, 2016년에 44%로 크게(대폭) 감소하였다.

정답 및 해설

3. 인스타의 경우 2015년에 51.8%, 2020년에 81%로 이용률이 지속적으로 증가한 반면 페이스북은 2015년에 70.8%, 2020년에 40.5%로 크게(대폭) 감소하였다.

4. 한국 화장품과 일본 화장품의 매출액을 살펴보면 한국 화장품의 경우 2010년 10억 원, 2020년에 50억 원으로 5배 증가한 반면, 일본 화장품은 2010년에 30억 원, 2020년 15억 원으로 2배 감소하였다.

5. 국산차와 수입차 판매율을 살펴보면 국산차는 2015년에 80%, 2020년에 72%로 소폭 감소한 반면 수입차는 2015년에 22%, 2020년에 55%로 크게(대폭) 증가하였다.

▷ **그래프 유형 (4)** | 기간별로 여러 항목을 비교할 때

연습 문제 p.69

1. 4년간 사과는 2.3배, 배는 1.2배, 감귤은 1.3배 늘어난 것으로 나타났으며 사과가 가장 높은 증가율(가장 많은 소비량)을 보였다.

2. 10년 간 버스는 2배, 지하철은 3배, 택시는 1.4배 늘어난 것으로 나타났으며 지하철이 가장 높은 이용률(증가율)을 보였다.

3. 9년 간 서울은 3.2도, 충청은 1도, 제주는 5.2도 올라간 것으로 나타났으며 제주가 가장 높은 상승률을 보였다.

4. 국내 공항별 승객 이용률을 살펴보면 4년 간 김포 공항은 0.5배, 김해 공항은 1.1배, 제주 공항은 1.9배 증가한 것으로 나타났으며 제주 공항이 가장 높은 이용률(증가율)을 보였다.

5. 기업별 스마트폰 점유율을 살펴보면 4년 간 삼성전자는 1.29배, 애플은 1.04배, 화웨이는 1.72배 감소한 것으로 나타났으며 애플이 가장 낮은 점유율(감소율)을 보였다.

▷ **그래프 유형 (5)** | 조사 기관, 조사 대상 풀어 쓰기

연습 문제 p.73

1. 행정안전부에서 2,30대 남녀 100명을 대상으로 '자원봉사를 하겠는가?'에 대해 조사하였다.

2. 고용부에서 20세 이상 남녀 500명을 대상으로 '선호하는 기업'에 대해 조사하였다.

3. 통계청에서 20세 이상 남녀 500명을 대상으로 '자기 계발을 하고 있는가?'에 대해 조사하였다.

4. 한국갤럽연구소에서 남녀 1,000명을 대상으로 '아침을 챙겨 먹는가?'에 대해 조사하였다.

5. 행정안전부에서 기혼 남녀 300명을 대상으로 '육아 휴직을 사용해 본 적이 있는가?'에 대해 조사하였다.

▷ **그래프 유형 (6)** | 조사 질문에 대한 응답 내용을 분석할 때

연습 문제 p.75

1. '그렇다'라고 응답한 남자는 79%, 여자는 69%였다. '아니다'라고 응답한 남자는 20%, 여자는 35%였다. '아니다'라고 응답한 이유에 대해 남자는 '어떻게 참여하는지 몰라서', 여자는 '바빠서'라고 응답한 경우가 가장 많았다. 이어 남자는 '흥미가 없어서', 여자는 '어떻게 참여하는지 몰라서'라고 응답하였다.

2. '그렇다'라고 응답한 남자는 51%, 여자는 78%였다. '아니다'라고 응답한 남자는 70%, 여자는 50%라고 응답하였다. '아니다'라고 응답한 이유에 대해 남자는 '육아 휴직을 사용할 분위기가 아니어서', 여자는 '경력·승진에 도움이 안될 것 같아서'라고 응답한 경우가 가장 많았다. 이어 남자는 '경력·승진에 도움이 안될 것 같아서', 여자는 '경제적으로 부담이 되어서'라고 응답하였다.

3. '그렇다'라고 응답한 남자는 80%, 여자는 75%였다. '아니다'라고 응답한 남자는 28%, 여자는 40%였다. '아니다'라고 응답한 이유에 대해 남자는 '습관이 되어서', 여자는 '체중 감소를 위해서'라고 응답한 경우가 가장 많았다. 이어 남자는 '늦잠을 자서', 여자는 '습관이 되어서'라고 응답하였다.

4. '대기업'이라고 응답한 남자는 89%, 여자는 87%였다. '중소기업'이라고 응답한 남자는 19%, 여자는 22%였다. 대기업을 선호하는 이유에 대해 1위가 '높은 연봉(연봉이 높아서)', 2위가 '사내 복지 시설(사내 복지 시설이 좋아서)'이라고 응답하였다. 이어 '기업

이미지(기업 이미지가 좋아서)'와 '성장 가능성(성장 가능성이 있어서)'이라고 응답하였다.

5. '하려고 계획 중이다'가 54.1%, '하고 있다'가 40.1%, '하고 있지 않다'가 5.9%였다. 자기 계발을 하는 이유에 대해 1위가 '자기 발전', 2위가 '개인적인 자기 만족'이라고 응답하였다. 이어 '이직 준비', '스트레스 해소'라고 응답하였다.

▷ 그래프 유형 (7)   이유에 대한 내용 풀어 쓰기

연습 문제   p.79

1. • 영어를 배우면 다양한 교류의 기회가 많이 생기고 취업에 유리하기 때문인 것으로 보인다.
   • 다음과 같다. 첫째, 영어를 배우면 다양한 교류의 기회가 많이 생긴다. 둘째, 영어를 잘하면 취업에 유리하기 때문이다.

2. 청소년들의 성적 스트레스와 학교 내 따돌림 때문인 것으로 보인다.

3. • 이와 같이 감소한 이유는 외국인 관광객들에게 바가지 요금을 씌우고 불친절하게 대하기 때문인 것으로 보인다.
   • 이러한 감소의 원인은 다음과 같다. 첫째, 외국인 관광객들에게 바가지 요금을 씌우기 때문이다. 둘째, 외국인에게 불친절하게 대함으로써 외국인 관광객들의 재방문이 감소한 것으로 보인다.

4. 이와 같이 증가한 이유는 가족이나 이웃과의 교류가 단절되고 경제적인 어려움을 겪기 때문인 것으로 보인다.

5. • 이와 같이 감소한 원인은 극장 이외의 다양한 플랫폼이 증가하였고 영화 이외의 다양한 여가 활동이 생겼기 때문인 것으로 보인다.
   • 이러한 증가의 원인은 다음과 같다. 첫째, 극장 이외의 다양한 플랫폼에서 영화를 볼 수 있게 되었다. 둘째, 영화 이외의 다양한 여가 활동이 생기고 있기 때문이다.

▷ 그래프 유형 (8)   기대(전망)에 대한 내용 풀어 쓰기

연습 문제   p.81

1. 이러한 영향이 계속된다면 2045년에는 1인 가구가 810만 가구에 이를(810만 가구까지 증가할/늘어날) 것으로 기대(전망)된다.

2. 이러한 영향이 계속된다면 2055년에는 전기차 보급이 250,000대에 이를(250,000대까지 증가할/늘어날) 것으로 기대(전망)된다.

3. 이러한 영향이 계속된다면 2030년에는 재활용 산업 시장이 40조 원에 이를(40조 원까지 증가할/늘어날) 것으로 기대(전망)된다.

4. 이러한 영향이 계속된다면 2035년에는 남성 육아 휴직자가 5만 명에 이를(5만 명까지 증가할/늘어날) 것으로 기대(전망)된다.

5. 이러한 영향이 계속된다면 2024년에는 온라인 쇼핑 매출액이 56.2%에 이를(56.2%까지 증가할/늘어날) 것으로 기대(전망)된다.

🎓 알맹이 채우기 3   10분 안에 쓰기

예상 문제   p.85

1.

	폐	암		발	생	률	에		대	해		조	사	한		결	과		20
20	년	에		6	만		2	천		명	,		20	25	년	에		12	만
4	천		명	으	로		5	년		만	에		약		2	배		증	가
한		것	으	로		나	타	났	다	.		성	별	에		따	른		폐	암
발	생	률	은		남	자	의		경	우		20	20	년	에		4	만	

100

2천 명, 2025년에 5만 명으로 소폭 증가한 반면, 여자는 2020년에 2만 명, 2025년에 7만 4천 명으로 대폭 증가하였다. 이와 같이 폐암 발생률이 증가한 원인은 다음과 같다. 첫째, 스트레스를 해소하기 위한 방법 중의 하나로 담배를 피우는 사람이 많다. 둘째, 흡연자보다 비흡연자의 간접 흡연율이 증가하고 있기 때문이다.

2.

　전동 킥보드 사고 현황에 대해 조사한 결과, 2020년에 11%에서 2023년에는 20%, 2025년에는 70%로 5년 만에 약 7배 증가한 것으로 나타났다. 전동 킥보드 사고 유형을 살펴보면 5년간 가벼운 부상은 5배, 중상은 3배, 사망은 1.5배 늘어난 것으로 나타났으며, 가벼운 부상이 가장 높은 증가율을 보였다. 이와 같이 전동 킥보드 사고가 발생하는 원인은 신호를 위반해서 사고가 나거나 안전모를 착용하지 않았기 때문인 것으로 보인다.

3.

　통계청에서 20세 이상 남녀 500명을 대상으로 '성인 독서율'에 대해 조사하였다. 그 결과 2010년에 17.7%에서, 2015년에는 50%, 2020년에는 81%로 10년 동안 약 4배 정도 증가한 것으로 나타났다. 종이책, 전자책의 이용률을 살펴보면 종이책의 경우 2010년에 70.5%에서 2015년 39.5%로 감소하다가 2020년에 68%로 증가하였다. 전자책은 2010년에 20%에서 2015년 50.5%로 증가하다가 2020년에는 18.5%로 감소하였다. 이와 같이 종이책을 더 선호하는 이유는 보기가 편리하고 전자책보다 더 친숙하기 때문인 것으로 보인다.

4.

　한국관광공사에서 외국인을 500명을 대상으로 '한국에 재방문하겠는가?'에 대해 조사하였다. 그 결과 '그렇다'라고 응답한 남자는 51%, 여자는 70%였다. '아니다'라고 응답한 남자는 79%, 여자는 61%였다. 이들이 '아니다'라고 응답한 이유는 남자는 '쇼핑 이외에 할 것이 없어서', 여자는 '비싸고 불친절해서'라고 응답한 경우가 많았다. 이어 남자는 '언어 소통이 힘들어서', 여자는 '쇼핑 이외에 할 것이 없어서'라고 응답하였다.

5.

통계청에서 20대, 50대 각 100명을 대상으로 운동 습관에 대해 조사하였다. 그 결과 '운동을 하는가?'에 대한 질문에 '그렇다'라고 응답한 20대는 81%, 50대는 85%였다. '아니다'라고 응답한 20대는 21%, 50대는 19%였다. 운동 시간대에 대해서는 20대의 경우 '아침'이 91%, '저녁'이 9%였고, 50대의 경우는 '아침'이 70%, '저녁'이 30%인 것으로 나타났다. 이와 같이 저녁보다 아침에 운동을 하는 이유는 아침에 운동을 하면 하루를 활기차게 보낼 수 있을 뿐만 아니라 공복 상태에 운동을 하면 체중 감소에도 효과적이기 때문이다.

6.

국내 화장품 시장 변화에 대해 조사한 결과 국내 화장품 수출률은 2015년에 25%, 2020년 50%로 5년 만에 약 2배 증가한 것으로 나타났다. 나라별 판매율을 살펴보면 미국은 1.1배, 일본은 1.37배, 중국은 2배 증가한 것으로 나타났으며 중국이 가장 높은 증가율을 보였다. 이와 같이 국내 화장품이 인기가 있는 이유는 식물성을 기반으로 한 화장품이 대부분이고, 가성비도 좋기 때문이다. 이러한 영향이 계속된다면 2025년에는 화장품 수출률이 61%에 이를 것으로 기대된다.

7.

지구의 기온 변화에 대해 조사한 결과 2010년에 1.3도, 2020년에 2.5도로 10년 동안 약 1도 정도 증가한 것으로 나타났다. 나라별 평균 온도 상승률을 살펴보면 미국은 0.5도, 한국은 0.8도, 브라질은 1도 증가한 것으로 나타났으며 브라질이 가장 높은 상승률을 보였다. 이와 같이 온도가 상승한 원인은 화석 연료의 과도한 사용으로 인해 온실 가스가 증가했기 때문이다. 이러한 영향이 계속된다면 40년 후에는 지구 온도가 1.5도에서 4.5도로 상승할 전망이다.

8.

한국리얼미터에서 남녀 100명을 대상으로 배달 이용도에 대해 조사하였다. 그 결과 2014년에는 46%, 2020년에는 92%로 6년 동안 거의 2배 증가한 것으로 나타났다. 배달 시 사용하는 매체는 전화의 경우 2014년에 65.1%, 2020년에는 39.6%로 6년 동안 약 2배 감소한 반면 앱은 2014년에 24.9%, 2020년에 48.5%로 거의 2배 증가하였다. 이와 같이 변화한 원인은 앱을 이용하면 검색, 주문, 결제를 모두 한꺼번에 할 수 있고 전화를 이용할 때보다 쿠폰이나 가격 할인 혜택이 더 많기 때문이다.

9.

　보건복지부에서　남녀　각　1000명을　대상으로　'다이어트를　해야　하는가?'에　대해　조사하였다.　그　결과　'그렇다'라고　응답한　남자는　81%,　여자는　92%였다.　'아니다'라고　응답한　남자는　45%,　여자는　11%라고　응답하였다.　'그렇다'라고　응답한　이유에　대해　남자는　'옷이　맞지　않아서',　여자는　'살쪘다는　소리를　들어서'라고　응답한　경우가　가장　많았다.　이어　남자는　'건강을　위해서',　여자는　'자기　만족을　위해서'라고　응답하였다.

10.

　교육청에서　교사,　학생　각　100명을　대상으로　'온라인　수업에　만족하는가?'에　대해　조사하였다.　그　결과　'그렇다'라고　응답한　교사는　60%,　학생은　20%였다.　'아니다'라고　응답한　교사는　40%,　학생은　80%였다.　'아니다'라고　응답한　이유에　대해　교사는　'인터넷이　자주　끊겨서',　학생은　'집중하기가　힘

들	어	서	'	라	고		응	답	한		경	우	가		가	장		많	았
다	.	이	어		교	사	는		'	과	제		활	동	하	기	가		힘
들	어	서	'	,		학	생	은		'	질	문	하	기	가		힘	들	어 서 '
라	고		응	답	하	였	다	.											

200

300

🎁 **알맹이** 채우기 **2** 〉 아웃라인 잡기

📑 **연습 문제** p.104

1.

> 미니 냉장고, 미니 전기밥솥, 미니 소주 등 1인 가구를 위한 제품들이 인기를 끌고 있다. 통계청 조사에 따르면 2017년 한국의 가구 → 서론
> 수는 2천만 가구를 넘어섰고 그 중 1인 가구 비율이 30%에 육박한다고 한다. 이러한 '1인 가구의 증가 원인과 문제점'에 대해 자신의
> 의견을 쓰라.

- 1인 가구의 **증가 원인**은 무엇인가? ———┐
- 1인 가구 증가로 생기는 **문제점**은 무엇인가? ──┘ → **본론**
- 1인 가구의 **대책 방안**은 무엇인가? → **결론**

🎊 **Outline**

서론
- 작게 포장된 1인용 식자재나 1인용 전기밥솥, 소형 세탁기 등을 본 적이 있을 것이다
- 1인 가구는 2000년대 이후 점점 늘어나 현재 전체 가구 중 30%를 차지하고 있다.

본론 〔증가 원인〕
- 결혼에 대한 인식 변화를 들 수 있다.
  ⊕ 결혼보다 일에 집중하는 사람이 늘어나고 있다.
- 경제적인 문제를 들 수 있다.
  ⊕ 좋은 대학을 졸업해도 안정적인 직장을 갖기가 힘들다.

〔문제점〕
- 저출산, 고령화 문제가 심각해짐에 따라 국가 경쟁력을 약화 시킬 수 있다.
- 주택 수요가 증가하여 주택 공급에 문제가 생기기도 한다.

결론 〔방안〕
- 정부가 안정된 일자리를 보장해야 한다.
- 결혼이나 출산을 했을 때 정부 지원 범위를 확대 해야 한다.

2.

> 동물실험은 새로운 제품이나 치료법의 효능과 안정성을 확인하기 위한 것으로 동물을 이용한 실험이 다양한 분야에서 활용되고
> 있다. 인간이 과연 동물들을 마음대로 이용하고 실험의 대상으로 삼을 권리가 있는지에 대해 자신의 입장을 쓰라.

- 동물실험은 **왜 해야 하는가**?
- 동물실험을 **하면 안되는 이유**는 무엇인가? → **본론**   → 서론
- 동물실험에 **찬성하는가, 반대하는가**? 근거를 들어 자신의 의견을 쓰라. → **결론**

🎊 **Outline**

서론 〔왜 해야 하는가〕
- 동물실험이란 여러 분야에서 인간에게 적용하기 전에 동물에게 미리 해보는 실험을 말한다.
- 부작용 없는 약, 화장품 등을 빠르고 정확하게 개발할 수 있다.

정답 및 해설

본론 (하면 안되는 이유)
- 동물실험은 동물이 겪을 고통을 전혀 고려하지 않은 잔혹하고 비윤리적이다.
  ⊕ 모든 생명은 평등하고 인간이라고 해서 다른 동물을 해치고 함부로 목숨을 빼앗을 권리나 권한은 없다.
- 사람과 동물의 몸이 완전히 같지 않아 동물실험을 할 때 발견하지 못했던 부작용도 발생하고 있다.

결론 (입장)
- 동물실험을 계속해야 한다.
  ⊕ 동물실험을 대체할 수 있을 만큼의 기술이 발달하지 않았다.
  ⊕ 동물실험은 최소한의 동물로 고통을 최대한 주지 않는 3R 원칙에 따라 실행되고 있다.

3.

> 요즘 젊은이들은 성형 수술은 물론 지방 흡입이나 눈썹 문신을 거부감 없이 한다. 이렇게 해서라도 예뻐진다면 행복할 거라고 생각 **→ 서론**
> 하는 젊은 친구들이 적지 않다. 그러나 외모와 행복 만족도가 꼭 비례한다고는 할 수 없다. '외모가 행복에 미치는 영향'에 대해 자신
> 의 의견을 쓰라.

- 외모가 행복에 얼마나 많은 영향을 미치는가? ⎫
- 외모와 행복 만족도의 관계는 어떠한가? ⎬ **→ 본론**
- 어떻게 사는 것이 행복인가? **→ 결론**

❖ Outline

서론
- 외모도 능력이라는 인식이 확산되면서 성형수술을 하는 젊은이들이 많아지고 있다.
  ⊕ 연구 자료를 살펴보면 자신의 외모에 만족하는 사람이 직급, 급여, 회사 만족도 등에서 자신의 외모에 만족하지 못하는 사람보다 높은 점수를 보였다.

본론 (외모가 행복에 미치는 영향)
- 아름다운 외모는 연애, 취업, 승진 등 다양한 기회가 주어진다.
  ⊕ 온라인 취업 사이트 인사 담당자를 대상으로 한 설문 조사에서 약 91%가 첫인상이 취업에 영향을 준다고 답하였다.
- 아름다운 외모는 자신감을 가져다 준다.

(외모와 행복 만족도의 관계)
- 외모는 행복과 관계가 없다.
  ⊕ 연구 발표에 의하면 외면적인 아름다움에 치중한 학생은 스트레스를 많이 받는 반면 내재적인 목표에 주안점을 둔 학생은 자신에게 더 긍정적이고 인간관계도 좋은 것으로 나타났다.

결론 (어떻게 사는 것이 행복인가?)
- 사람마다 행복을 느끼는 순간이 다 다르다.
- 자신이 어떤 순간에 행복함을 느끼는지 찾아가는 것이 무엇보다 중요하다.

4.

> 인공 지능은 Siri부터 자율 주행 자동차에 이르기까지 빠르게 발전하고 있다. 인간의 능력을 뛰어넘고 있는 인공 지능은 우리의 기⎫
> 대와 우려를 동시에 주고 있다. 아래의 내용을 중심으로 인공 지능에 대한 자신의 생각을 쓰라.

- 인공 지능 기술이 미치는 긍정적인 영향은 무엇인가?
- 인공 지능 기술의 부정적인 영향은 무엇인가? **→ 본론** **서론 ←**
- 인공 지능 기술로 인해 다가올 문제에 대한 해결 방안은 무엇인가? **→ 결론**

❧ Outline

서론 [긍정적인 영향]

- 인공 지능 기술은 자동차, 의료, 운송 및 통신 등 다양한 산업에 걸쳐 사람들에게 많은 영향을 끼치고 있다.
  ⊕ 콜 센터에서 사람이 대응하기 힘든 불편한 상담을 대신 처리할 수 있다.
  ⊕ 앞차와의 거리를 조절하거나 차선을 변경해 주는 자동차 자율 주행이 가능해졌다.

본론 [부정적인 영향]

- 직업을 구하기가 전보다 더 어려워진다.
  ⊕ 간단한 사무직이나 단순 노동은 인공 지능이 대신하게 된다.
- 개인 사생활의 침해를 낳을 수 있다.
  ⊕ 자신의 데이터를 공유해야 하기 때문에 사생활 침해와 개인 감시가 이루어질 수 있다.
- 잘못된 인공 지능이 개발될 위험이 있다.
  ⊕ 부적절한 데이터를 인공 지능에게 학습시키게 된다면 큰 사고로 이어질 수 있다.

결론 [해결 방안]

- 인공 지능의 권한 설정과 결과에 대한 책임 소재 문제를 명확히 해야 할 필요가 있다.
- 인간과 인공 지능의 공존을 고려한 새로운 법적 기반이 마련되어야 할 것이다.

5.

→ 서론

    최근 인터넷을 이용하는 컴퓨터, 스마트폰, 태블릿 PC 등의 보급이 빠르게 확산되면서 다양한 정보를 쉽고 편리하게 받아볼 수 있게 되었다. 이러한 뉴미디어의 등장은 청소년에게 다방면으로 영향을 끼치고 있다. '뉴미디어가 청소년에게 미치는 영향'에 대해 자신의 의견을 쓰라.

- 뉴미디어가 청소년에게 미치는 긍정적인 영향은 무엇인가? ┐
                                                    ├→ 본론
- 뉴미디어의 문제점은 무엇인가? ─────────────────┘
- 뉴미디어를 올바르게 활용하는 방법은 무엇인가? ──→ 결론

❧ Outline

서론

- 최근 스마트폰의 보급이 크게 확대되면서 다양한 정보를 쉽게 얻을 수 있게 되었다.
- 뉴미디어의 쌍방향 의사소통 기능은 청소년들에게 여러 방면으로 영향을 미치고 있다.

본론 [긍정적인 영향]

- 여러 매체를 통하여 다양한 분야의 방대한 정보를 적시에 습득할 수 있다.
- 온라인 상호 작용을 통해 인간관계를 형성할 수 있다.

  [문제점]

- 청소년들이 잘못된 정보에 선동될 수 있다.
- 청소년기에 잘못된 사고방식이 형성될 우려가 있다.
- 핸드폰이나 컴퓨터를 통해 유해한 내용을 접할 수 있다.

결론 [올바르게 활용하는 방법]

- 정보를 접할 때 정보의 출처를 확인하거나 검증된 포털 사이트만을 이용해야 한다.
- 유해한 사이트로의 접근을 차단하는 앱을 이용한다.

정답 및 해설

알맹이 채우기 **3** : 서론 쓰기

연습 문제 p.112

1.

> 미니 냉장고, 미니 전기밥솥, 미니 소주 등 1인 가구를 위한 제품들이 인기를 끌고 있다. 통계청 조사에 따르면 2017년 한국의 가구 수는 2천만 가구를 넘어섰고 그 중 1인 가구 비율이 30%에 육박한다고 한다. 이러한 '1인 가구의 증가 원인과 문제점'에 대해 자신의 의견을 쓰라.
>
> - 1인 가구의 증가 원인은 무엇인가?
> - 1인 가구 증가로 생기는 문제점은 무엇인가?
> - 1인 가구의 대책 방안은 무엇인가?

서론

Outline

- 작게 포장된 1인용 식자재나 1인용 전기밥솥, 소형 세탁기 등을 본 적이 있을 것이다.
- 2000년대 이후 점점 늘어나 현재 전체 가구 중 30%를 차지하고 있다.

	평	소	에		작	게		포	장	된		1	인	용		식	자	재	나
1	인	용		전	기	밥	솥	,	소	형		세	탁	기		등	을		본
적	이		있	을		것	이	다	.	이	것	들	은		1	인	용		가
구	가		증	가	하	면	서		생	긴		우	리		주	변	에	서	
볼		수		있	는		변	화	들	이	다	.		이	러	한		변	화	에
서		알		수		있	듯	이		1	인		가	구	는		20	00	년
대		이	후		점	점		늘	어	나		현	재	는		전	체		가
구		중		30	%	를		차	지	하	고		있	다	.				

100

200

2.

> 동물실험은 새로운 제품이나 치료법의 효능과 안정성을 확인하기 위한 것으로 동물을 이용한 실험이 다양한 분야에서 활용되고 있다. 인간이 과연 동물들을 마음대로 이용하고 실험의 대상으로 삼을 권리가 있는지에 대해 자신의 입장을 쓰라.
>
> - 동물실험은 왜 해야 하는가?
> - 동물실험을 하면 안되는 이유는 무엇인가?
> - 동물실험에 찬성하는가, 반대하는가? 근거를 들어 자신의 의견을 쓰라.

서론

Outline

> 왜 해야 하는가?

- 동물실험이란 여러 분야에서 인간에 적용하기 전에 동물에게 미리 해보는 실험을 말한다.
- 부작용 없는 약, 화장품 등을 빠르고 정확하게 개발할 수 있다.

	동	물	실	험	이	란		여	러		분	야	에	서		인	간	에	
적	용	하	기		전	에		동	물	에	게		미	리		해		보	는
실	험	으	로		여	러		분	야	에	서		폭	넓	게		사	용	되
고		있	다	.	우	리		주	변	에		있	는		약	,	화	장	품 ,
비	누		등		매	우		많	은		물	건	들	이		동	물	실	험
을		거	쳐		만	들	어	졌	다	.	우	리	는		동	물	실	험	
덕	분	에		부	작	용		없	이		약	,	화	장	품		등	을	
빠	르	고		정	확	하	게		개	발	하	여		보	다		안	전	한
생	활	을		누	릴		수		있	게		되	었	다	.				

100

200

3.

→ 서론

요즘 젊은이들은 성형 수술은 물론 지방 흡입이나 눈썹 문신을 거부감 없이 한다. 이렇게 해서라도 예뻐진다면 행복할 거라고 생각하는 젊은 친구들이 적지 않다. 그러나 외모와 행복 만족도가 꼭 비례한다고는 할 수 없다. '외모가 행복에 미치는 영향'에 대해 자신의 의견을 쓰라.

- 외모가 행복에 얼마나 많은 영향을 미치는가?
- 외모와 행복 만족도의 관계는 어떠한가?
- 어떻게 사는 것이 행복인가?

Outline

- 외모도 능력이라는 인식이 확산되면서 성형 수술을 하는 젊은이들이 많아지고 있다.
    - ⊕ 연구 자료: 자신의 외모에 만족하는 사람이 직급, 급여, 회사 만족도 등에서 자신의 외모에 만족하지 못하는 사람보다 높은 점수를 보였다.

	외	모	도		능	력	이	라	는		인	식	이		확	산	되	면	서
성	형	수	술	을		하	는		젊	은	이	들	이		많	아	지	고	

정답 및 해설

원고지 (100~200자):

있	다	.	연	구		자	료	를		살	펴	보	면		자	신	의		외
모	에		만	족	하	는		사	람	이		직	급	,		급	여	,		회	사
만	족	도		등	에	서		자	신	의		외	모	에		만	족	하	지
못	하	는		사	람	보	다		높	은		점	수	를		보	였	다	.
그	렇	다	면		외	모	가		행	복	에		얼	마	나		많	은
영	향	을		미	칠	까	?

(100 / 200)

4.

> 인공 지능은 Siri부터 자율 주행 자동차에 이르기까지 빠르게 발전하고 있다. 인간의 능력을 뛰어넘고 있는 인공 지능은 우리의 기대와 우려를 동시에 주고 있다. 아래의 내용을 중심으로 인공 지능에 대한 자신의 생각을 쓰라.
>
> • 인공 지능 기술이 미치는 **긍정적인 영향**은 무엇인가?
> • 인공 지능 기술의 부정적인 영향은 무엇인가?
> • 인공 지능 기술로 인해 다가올 문제에 대한 해결 방안은 무엇인가?

서론

✦ Outline

[긍정적인 영향]

• 인공 지능 기술은 자동차, 의료, 운송 및, 통신 등 다양한 산업에 걸쳐 사람들에게 많은 영향을 끼치고 있다.
　⊕ 콜 센터에서 사람이 대응하기 힘든 불편한 상담을 대신 처리할 수 있다.
　⊕ 앞차와의 거리를 조절하거나 차선을 변경해 주는 자동차 자율 주행도 가능해졌다.

원고지:

	인	공		지	능		기	술	은		우	리	도		모	르	는		사
이	에		자	동	차	,		의	료	,		운	송		및		통	신	에		이
르	기	까	지		다	양	한		산	업	에		걸	쳐		사	람	들	에
게		많	은		영	향	을		끼	치	고		있	다	.		콜		센	터
에	서		사	람	이		대	응	하	기		힘	든		불	편	한		상
담	을		인	공		지	능	이		대	신		받	아	서		처	리	를
해		준	다	거	나		사	람	이		아	닌		인	공		지	능	이
운	전	기	사		역	할	을		하	여		앞	차	와	의		거	리	를

(100)

조	절	하	고		차	선	을		변	경	하	는		등		자	동	차	
자	율		주	행	도		가	능	해	졌	다	.							

200

5.

→ 서론

최근 인터넷을 이용하는 컴퓨터, 스마트폰, 태블릿 PC 등의 보급이 빠르게 확산되면서 다양한 정보를 쉽고 편리하게 받아볼 수 있게 되었다. 이러한 뉴미디어의 등장은 청소년에게 다방면으로 영향을 끼치고 있다. '뉴미디어가 청소년에게 미치는 영향'에 대해 자신의 의견을 쓰라.

- 뉴미디어가 청소년에게 미치는 긍정적인 영향은 무엇인가?
- 뉴미디어의 문제점은 무엇인가?
- 뉴미디어를 올바르게 활용하는 방법은 무엇인가?

Outline

- 최근 스마트폰의 보급이 크게 확대되면서 다양한 정보를 쉽게 얻을 수 있게 되었다.
- 뉴미디어의 쌍방향 의사소통 기능은 청소년들에게 여러 방면으로 영향을 미치고 있다.

	최	근		스	마	트	폰	의		보	급	이		크	게		확	대	되
면	서		내		손	안	에	서		다	양	한		정	보	를		쉽	게
받	아		볼		수		있	는		뉴	미	디	어		시	대	가		도
래	하	였	다	.	뉴	미	디	어	는		인	터	넷	을		기	반	으	로
정	보		전	달	을		하	다		보	니		의	사	소	통	이		쌍
방	향	으	로		이	루	어	지	고		있	으	며		이	러	한		뉴
미	디	어	의		기	능	은		청	소	년	들	에	게		여	러		방
면	으	로		영	향	을		미	치	고		있	다	.					

100

200

정답 및 해설

🎁 알맹이 채우기 **4** 본론 쓰기

📖 연습 문제 p.120

1.

> 미니 냉장고, 미니 전기밥솥, 미니 소주 등 1인 가구를 위한 제품들이 인기를 끌고 있다. 통계청 조사에 따르면 2017년 한국의 가구 수는 2천만 가구를 넘어섰고 그 중 1인 가구 비율이 30%에 육박한다고 한다. 이러한 '1인 가구의 증가 원인과 문제점'에 대해 자신의 의견을 쓰라.

> - 1인 가구의 증가 원인은 무엇인가? ——┐
> - 1인 가구 증가로 생기는 문제점은 무엇인가? ├→ 본론
> - 1인 가구의 대책 방안은 무엇인가?

⚙ Outline

> [증가 원인]
- 결혼에 대한 인식 변화를 들 수 있다.
  ⊕ 결혼보다 일에 집중하는 사람이 늘어나고 있다.
- 경제적인 문제를 들 수 있다.
  ⊕ 좋은 대학을 졸업해도 안정적인 직장을 갖기가 힘들다.

> [문제점]
- 저출산, 고령화 문제가 심각해짐에 따라 국가 경쟁력을 약화시킬 수 있다.
- 주택 수요가 증가하여 주택 공급에 문제가 생기기도 한다.

		1	인		가	구		증	가		원	인	으	로	는		여	러		가
지	가		있	다	.	우	선		결	혼	에		대	한		인	식		변
화	이	다	.	결	혼	을		필	수	적	인		것	으	로		보	지
않	고		선	택	적	으	로		보	고		자	신	의		일	에		집
중	하	는		사	람	들	이		늘	어	나	고		있	다	.	또	한
현		세	대	의		경	제	적		문	제	도		1	인		가	구
증	가	의		주	요		원	인	이	다	.	좋	은		대	학	을		나
오	면		안	정	적	인		직	장	을		얻	을		수		있	던
과	거	와	는		다	르	게		현	재	는		좋	은		대	학	을
나	와	도		안	정	된		직	장	을		갖	기		힘	들	다	.
	1	인		가	구	가		점	점		늘	어	남	에		따	라		여
러		문	제	가		드	러	나	고		있	다	.	1	인		가	구	로

인	해		저	출	산	,	고	령	화		문	제	가		더	욱		심	각
해	지	고		있	고	,	이	러	한		현	상	이		산	업		전	반
에		영	향	을		미	쳐		국	가	의		경	쟁	력	을		약	화
시	킬		수		있	다	.	또	한		1	인		가	구	가		점	점
늘	어	나	면	서		주	택	의		수	요	가		증	가	하	여		주
택		공	급	에		문	제	가		생	기	기	도		한	다	.		
																			400

2.

동물실험은 새로운 제품이나 치료법의 효능과 안정성을 확인하기 위한 것으로 동물을 이용한 실험이 다양한 분야에서 활용되고 있다. 인간이 과연 동물들을 마음대로 이용하고 실험의 대상으로 삼을 권리가 있는지에 대해 자신의 입장을 쓰라.

- 동물실험은 왜 해야 하는가?
- 동물실험을 하면 안되는 이유는 무엇인가? ➜ 본론
- 동물실험에 찬성하는가, 반대하는가? 근거를 들어 자신의 의견을 쓰라.

❖ Outline

하면 안되는 이유

- 동물실험은 동물이 겪을 고통을 전혀 고려하지 않은 잔혹하고 비윤리적이다.
    ⊕ 모든 생명은 평등하고 인간이라고 해서 다른 동물을 해치고 함부로 목숨을 빼앗을 권리나 권한은 없다.
- 사람과 동물의 몸이 완전히 같지 않아 동물실험을 할 때 발견하지 못했던 부작용도 발생하고 있다.

	동	물	실	험	은		동	물	이		겪	을		고	통	을		전	혀
고	려	하	지		않	은		잔	혹	하	고		비	윤	리	적	이	다	.
모	든		생	명	은		평	등	하	고		인	간	이	라	고		해	서
다	른		동	물	을		해	치	고		함	부	로		목	숨	을		빼
앗	을		권	리	나		권	한	은		없	다	.		또	한		사	람	과
동	물	의		몸	이		완	전	히		같	지		않	아		동	물	실
험	을		할		때	에	는		발	견	하	지		못	했	던		부	작
용	이		사	람	에	게	서		나	타	나	는		사	례	들	도		발

100

정답 및 해설

생	하	고		있	어		동	물	실	험	을		해	서	는		안		된
다	는		목	소	리	가		커	지	고		있	다	.					

200

300

400

3.

요즘 젊은이들은 성형 수술은 물론 지방 흡입이나 눈썹 문신을 거부감 없이 한다. 이렇게 해서라도 예뻐진다면 행복할 거라고 생각하는 젊은 친구들이 적지 않다. 그러나 외모와 행복 만족도가 꼭 비례한다고는 할 수 없다. '외모가 행복에 미치는 영향'에 대해 자신의 의견을 쓰라.

- 외모가 행복에 <u>얼마나 많은 영향</u>을 미치는가? ┐
- 외모와 행복 만족도의 <u>관계</u>는 어떠한가? ┘ → 본론
- 어떻게 사는 것이 행복인가?

🍃Outline

[외모가 행복에 미치는 영향]
- 아름다운 외모는 연애, 취업, 승진 등 다양한 기회가 주어진다.
  ⊕ 온라인 취업 사이트 인사 담당자를 대상으로 한 설문 조사에서 약 91%가 첫인상이 취업에 영향을 준다고 답하였다.
- 아름다운 외모는 자신감을 가져다준다.

[외모와 행복 만족도의 관계]
- 외모는 행복과 관계가 없다.
  ⊕ 연구 발표: 외면적인 아름다움에 치중한 학생은 스트레스를 많이 받는 반면 내재적인 목표에 주안점을 둔 학생은 자신에게 더 긍정적이고 인간관계도 좋은 것으로 나타났다.

	첫	째	,		아	름	다	운		외	모	는			연	애	,	취	업	,	승
진		등		다	양	한		기	회	가		주	어	진	다	.	온	라	인		
취	업		사	이	트		인	사		담	당	자	를		대	상	으	로			
한		설	문		조	사	에	서		약		91	%	가		첫	인	상	이		
취	업	에		영	향	을		준	다	고		답	하	였	을		정	도	로		
외	모	는		취	업	뿐	만		아	니	라		다	양	한		기	회	에		
서		영	향	을		끼	칠		수		있	다	.								
	둘	째	,		아	름	다	운		외	모	는		자	신	감	을		가	져	
다	준	다	.		외	모	가		출	중	한		사	람	은		평	범	한		
사	람	들	보	다		외	모	에		자	신	감	을		갖	게		되	고		
이	는		곧		자	존	감	이		높	아	지	게		된	다	.				
	그	러	나		외	모	가		출	중	하	다	고		해	서		모	든		
사	람	들	이		성	공	하	고		행	복	한		것	은		아	니	다	.	
연	구		발	표	에		의	하	면		외	면	적	인		아	름	다	움		
에		치	중	한		학	생	은		스	트	레	스	를		많	이		받		
는		반	면		내	재	적	인		목	표	에		주	안	점	을		둔		
학	생	은		자	신	에	게		더		긍	정	적	인		감	정	을			
가	지	고		있	고		인	간	관	계	도		좋	은		것	으	로			
나	타	났	다	.		따	라	서		외	모	는		행	복	과		관	계	가	
있	다	고		할		수		없	다	.											

(우측 여백 표시: 100, 200, 300, 400)

4.

인공 지능은 Siri부터 자율 주행 자동차에 이르기까지 빠르게 발전하고 있다. 인간의 능력을 뛰어넘고 있는 인공 지능은 우리의 기대와 우려를 동시에 주고 있다. 아래의 내용을 중심으로 인공 지능에 대한 자신의 생각을 쓰라.

- 인공 지능 기술이 미치는 긍정적인 영향은 무엇인가?
- 인공 지능 기술의 **부정적인 영향**은 무엇인가? ⟶ 본론
- 인공 지능 기술로 인해 다가올 문제에 대한 해결 방안은 무엇인가?

정답 및 해설

Outline

> 부정적인 영향

- 직업을 구하기가 전보다 더 어려워진다.
  - ⊕ 간단한 사무직이나 단순 노동은 인공 지능이 대신하게 된다.
- 개인 사생활의 침해를 낳을 수 있다.
  - ⊕ 자신의 데이터를 공유해야 하기 때문에 사생활 침해와 개인 감시가 이루어질 수 있다.
- 잘못된 인공 지능이 개발될 위험이 있다.
  - ⊕ 부적절한 데이터를 인공 지능에게 학습시키게 된다면 큰 사고로 이어질 수 있다.

	인	공		지	능	이		긍	정	적	인		영	향	만	을		끼	치	
는		것	은		아	니	다	.	첫	째	,		직	업	을		구	하	기	
전	보	다		어	려	워	진	다	는		점	이	다	.		예	를		들	면
간	단	한		사	무	직	이	나		단	순		노	동	은		인	공		
지	능	이		대	신	하	게		되	어		직	업	을		구	하	기	가	
더		어	려	워	질		것	이	다	.		둘	째	,		개	인		사	생	활
의		침	해	를		낳	을		수		있	다	.		인	공		지	능	은
방	대	한		데	이	터	를		수	집	하	여		만	들	어	지	는	데	
인	공		지	능	을		원	활	하	게		사	용	하	기		위	해	서	
는		자	신	의		데	이	터	를		공	유	해	야		하	기		때	
문	에		사	생	활		침	해	와		개	인		감	시	가		이	루	
어	질		수	도		있	다	.	셋	째	,		잘	못	된		인	공		지
능	이		개	발	될		위	험	이		있	다	.		사	용	자	들	이	
부	적	절	한		데	이	터	를		인	공		지	능	에	게		학	습	
시	키	게		된	다	면		이	는		큰		사	고	로		이	어	질	
수	도		있	게		된	다	.												

100
200
300
400

5.

최근 인터넷을 이용하는 컴퓨터, 스마트폰, 태블릿 PC 등의 보급이 빠르게 확산되면서 다양한 정보를 쉽고 편리하게 받아볼 수 있게 되었다. 이러한 뉴미디어의 등장은 청소년에게 다방면으로 영향을 끼치고 있다. '뉴미디어가 청소년에게 미치는 영향'에 대해 자신의 의견을 쓰라.

- 뉴미디어가 청소년에게 미치는 긍정적인 영향은 무엇인가? ┐
- 뉴미디어의 문제점은 무엇인가? ┘ → 본론
- 뉴미디어를 올바르게 활용하는 방법은 무엇인가?

≋ Outline

긍정적인 영향
- 여러 매체를 통하여 다양한 분야의 방대한 정보를 적시에 습득할 수 있다.
- 온라인 상호 작용을 통해 인간관계를 형성할 수 있다.

문제점
- 청소년들이 잘못된 정보에 선동될 수 있다.
- 청소년기에 잘못된 사고방식이 형성될 우려가 있다.
- 핸드폰이나 컴퓨터를 통해 유해한 내용을 접할 수 있다.

	뉴	미	디	어	가		청	소	년	에	게		미	치	는		긍	정	적
인		영	향	은		다	음	과		같	다	.	첫	째	,		정	치	,	사
회	,	환	경		등		방	대	한		양	의		정	보	를		적	시
에		습	득	하	는		것	이		가	능	하	고		온	라	인		상
호		작	용	을		통	해		보	다		향	상	된		인	간	관	계
를		형	성	할		기	회	를		가	질		수		있	다	.		
	그	러	나		인	터	넷	을		통	해		누	구	나		쉽	게	
정	보	를		공	유	할		수		있	는		만	큼		확	인	이	
되	지		않	은		정	보	들	까	지		함	께		청	소	년	들	에
게		전	파	되	어		잘	못	된		정	보	에		선	동	될		수
있	다	는		단	점	이		있	다	.		그	리	고		청	소	년	들	은
아	직		자	아	가		뚜	렷	이		형	성	되	지		않	았	기	
때	문	에		자	칫	하	면		무	비	판	적	이	고		수	동	적	으
로		자	아	가		형	성	되	기	가		쉽	고		잘	못	된		사

(우측 표기: 100, 200)

고	방	식	이		형	성	될		우	려	가		있	다	.	뿐	만		아	**300**
니	라		핸	드	폰	이	나		컴	퓨	터	를		통	해		유	해	한	
내	용	도		접	할		수		있	다	.									
																				400

알맹이 채우기 5 결론 쓰기

연습 문제 p.132

1.

> 미니 냉장고, 미니 전기밥솥, 미니 소주 등 1인 가구를 위한 제품들이 인기를 끌고 있다. 통계청 조사에 따르면 2017년 한국의 가구 수는 2천만 가구를 넘어섰고 그 중 1인 가구 비율이 30%에 육박한다고 한다. 이러한 '1인 가구의 증가 원인과 문제점'에 대해 자신의 의견을 쓰라.

- 1인 가구의 증가 원인은 무엇인가?
- 1인 가구 증가로 생기는 문제점은 무엇인가?
- 1인 가구의 대책 방안은 무엇인가? ── 결론

Outline

방안
- 정부가 안정된 일자리를 보장해야 한다.
- 결혼이나 출산을 했을 때 정부 지원 범위를 확대해야 한다.

	1	인		가	구	의		증	가	를		막	기		위	해	서	는	
정	부	가		안	정	된		일	자	리	를		보	장	하	고		경	제
를		활	성	화	하	여		경	제	적		문	제	에	서		벗	어	나
가	정	을		꾸	릴		수		있	도	록		해	야		한	다	.	이
와		더	불	어		결	혼	이	나		출	산	을		했	을		때	**100**
정	부	의		지	원		범	위	를		확	대	하	는		등		복	지
정	책	을		더		마	련	한	다	면		1	인		가	구	의		증
가	를		막	을		수		있	을		것	이	다	.					

200

2.

동물실험은 새로운 제품이나 치료법의 효능과 안정성을 확인하기 위한 것으로 동물을 이용한 실험이 다양한 분야에서 활용되고 있다. 인간이 과연 동물들을 마음대로 이용하고 실험의 대상으로 삼을 권리가 있는지에 대해 자신의 입장을 쓰라.

- 동물실험은 왜 해야 하는가?
- 동물실험을 하면 안되는 이유는 무엇인가?
- 동물실험에 찬성하는가, 반대하는가? 근거를 들어 자신의 의견을 쓰라. ——▶ 결론

Outline

입장

- 동물실험을 계속해야 한다.
  ⊕ 동물실험을 대체할 수 있을 만큼의 기술이 발달하지 않았다.
  ⊕ 동물실험은 최소한의 동물로 고통을 최대한 주지 않는 3R 원칙에 따라 실행되고 있다.

	동	물	실	험	을		계	속	해	야		한	다	고		생	각	한	다 .
아	직		동	물	실	험	을		대	체	할		수		있	을		만	큼
의		기	술	이		발	달	하	지		않	아		현		시	점	에	서
동	물	실	험	은		필	수	적	이	다 .		많	은		사	람	들	이	
동	물	실	험	은		윤	리	적	이	지		않	다	고		하	지	만	
모	든		동	물	실	험	은		최	소	한	의		동	물	로		고	통
을		최	대	한		주	지		않	는		3 R		원	칙	에		따	라
실	행	되	어		충	분	히		윤	리	적	인		선		안	에	서	
행	해	지	고		있	음	을		알		수		있	다 .		동	물	실	험
은		그	저		이	익	을		위	해	서	가		아	닌		생	존	과
도		관	련	되	어		있	다 .		따	라	서		동	물	실	험	은	
계	속	해	야		한	다	고		생	각	한	다 .							

100

200

정답 및 해설

3.

> 요즘 젊은이들은 성형 수술은 물론 지방 흡입이나 눈썹 문신을 거부감 없이 한다. 이렇게 해서라도 예뻐지기만 하면 된다고 생각하는 젊은 친구들이 적지 않다. 그러나 외모와 행복 만족도가 꼭 비례한다고는 할 수 없다. '외모가 행복에 미치는 영향'에 대해 자신의 의견을 쓰라.

- 외모가 행복에 얼마나 많은 영향을 미치는가?
- 외모와 행복 만족도의 관계는 어떠한가?
- 어떻게 사는 것이 행복인가? ──▶ 결론

⚙ Outline

> 어떻게 사는 것이 행복인가?

- 사람마다 행복을 느끼는 순간이 다 다르다.
- 자신이 어떤 순간에 행복함을 느끼는지 찾아가는 것이 무엇보다 중요하다.

		어	떤		사	람	은		타	인	을		도	와	줄		때		행	복
을		느	끼	는	가		하	면		어	떤		사	람	은		성	취	감	
을		느	낄		때		행	복	함	을		느	낀	다	고		한	다	.	
이	처	럼		사	람	마	다		행	복	을		느	끼	는		순	간	이	
다		다	르	다	.		그	러	므	로		자	신	이		어	떤		순	간
에		행	복	함	을		느	끼	는	지		찾	아	가	는		것	이		
무	엇	보	다		중	요	하	다	.											

100

200

4.

> 인공 지능은 Siri부터 자율 주행 자동차에 이르기까지 빠르게 발전하고 있다. 인간의 능력을 뛰어넘고 있는 인공 지능은 우리의 기대와 우려를 동시에 주고 있다. 아래의 내용을 중심으로 인공 지능에 대한 자신의 생각을 쓰라.

- 인공 지능 기술이 미치는 긍정적인 영향은 무엇인가?
- 인공 지능 기술의 부정적인 영향은 무엇인가?
- 인공 지능 기술로 인해 다가올 문제에 대한 해결 방안은 무엇인가? ──▶ 결론

Outline

> **해결 방안**
> • 인공 지능의 권한 설정과 결과에 대한 책임 소재 문제를 명확히 해야 할 필요가 있다.
> • 인간과 인공 지능의 공존을 고려한 새로운 법적 기반이 마련되어야 할 것이다.

	인	공		지	능	의		통	제	,		악	용		및		남	용		등
으	로		인	한		문	제	를		해	결	하	기		위	해	서	는		
먼	저		인	공		지	능	의		권	한		설	정	과		결	과	에	
대	한		책	임		소	재		문	제	를		명	확	히		할		필	
요	가		있	다	.		그	리	고		인	공		지	능	이		우	리	
인	간		생	활	에		깊	숙	이		자	리	잡	고		있	는		이	
상		인	간	과		인	공		지	능	의		공	존	을		고	려	한	
새	로	운		법	적		기	반	이		마	련	되	어	야		할		것	
이	다	.																		

100 (7번째 줄 오른쪽)
200 (마지막 줄 오른쪽)

5.

> 최근 인터넷을 이용하는 컴퓨터, 스마트폰, 태블릿 PC 등의 보급이 빠르게 확산되면서 다양한 정보를 쉽고 편리하게 받아볼 수 있게 되었다. 이러한 뉴미디어의 등장은 청소년에게 다방면으로 영향을 끼치고 있다. '뉴미디어가 청소년에게 미치는 영향'에 대해 자신의 의견을 쓰라.

> • 뉴미디어가 청소년에게 미치는 긍정적인 영향은 무엇인가?
> • 뉴미디어의 문제점은 무엇인가?
> • 뉴미디어를 올바르게 활용하는 방법은 무엇인가? ──▶ 결론

Outline

> **올바르게 활용하는 방법**
> • 정보를 접할 때 정보의 출처를 확인하거나 검증된 포털 사이트만을 이용해야 한다.
> • 유해한 사이트로의 접근을 차단하는 앱을 이용한다.

	뉴	미	디	어	를		올	바	르	게		활	용	하	려	면		우	선
청	소	년	들	이		정	보	를		접	할		때		정	보	의		출

정답 및 해설

처	를		확	인	하	거	나		검	증	된		포	털		사	이	트	만	
을			이	용	해	야		한	다	.		이	를		통	해		거	짓	된
정	보	를		어	느		정	도		걸	러		낼		수		있	다	.	100
또	한		유	해	한		사	이	트	는		접	근	을		차	단	하	는	
앱	을		사	용	하	면		대	중	매	체	를		올	바	르	고		안	
전	하	게		사	용	할		수		있	을		것	이	다	.				
																				200

알맹이 채우기 6 하나의 글 완성하기

연습 문제 p.137

1.

> 미니 냉장고, 미니 전기밥솥, 미니 소주 등 1인 가구를 위한 제품들이 인기를 끌고 있다. 통계청 조사에 따르면 2017년 한국의 가구 수는 2천만 가구를 넘어섰고 그 중 1인 가구 비율이 30%에 육박한다고 한다. 이러한 '1인 가구의 증가 원인과 문제점'에 대해 자신의 의견을 쓰라.

- 1인 가구의 증가 원인은 무엇인가?
- 1인 가구 증가로 생기는 문제점은 무엇인가?
- 1인 가구의 대책 방안은 무엇인가?

	평	소	에		작	게		포	장	된		1	인	용		식	자	재	나	
1	인	용		전	기	밥	솥	,		소	형		세	탁	기		등	을		본	
적	이		있	을		것	이	다	.		이	들	은		1	인		가	구	가
증	가	하	면	서		생	긴		우	리		주	변	에	서		볼		수	
있	는		변	화	들	이	다	.		이	러	한		변	화	에	서		알	
수		있	듯	이		1	인		가	구	는		20	00	년	대		이	후	100
점	점		늘	어	나		현	재	는		전	체		가	구		중		30	
%	나		차	지	하	고		있	다	.										
	1	인		가	구		증	가		원	인	으	로	는			여	러		가	

지가 있다. 우선 결혼에 대한 인식 변화이다. 결혼을 필수적인 것으로 보지 않고 선택으로 보고 자신의 일에 집중하는 사람들이 늘어나고 있다. 또한 현세대의 경제적 문제도 1인 가구 증가의 주요 원인이다. 좋은 대학을 나오면 안정적인 직장을 얻을 수 있던 과거와는 다르게 현재는 좋은 대학을 나와도 안정된 직장을 갖기 힘들다. 1인 가구가 점점 늘어남에 따라 여러 문제가 드러나고 있다.

　1인 가구로 인해 저출산 고령화 문제가 더욱 심각해지고 있고, 이러한 현상이 전반에 영향을 미쳐 국가의 경쟁력을 약화시킬 수 있다. 또한 1인 가구가 점점 늘어나면서 주택의 수요가 증가하여 주택 공급에 문제가 생기기도 한다.

　이러한 여러 가지 문제를 막기 위해서는 정부가 안정된 일자리를 보장하고 경제를 활성화하여 경제적 문제에서 벗어나 가정을 꾸릴 수 있도록 해야 한다. 이와 더불어 결혼이나 출산을 했을 때 정부의 지원 범위를 확대하는 등 복지 정책을 더 마련한다면 1인 가구의 증가를 막을 수 있을 것이다.

정답 및 해설

2.

> 동물실험은 새로운 제품이나 치료법의 효능과 안정성을 확인하기 위한 것으로 동물을 이용한 실험이 다양한 분야에서 활용되고 있다. 인간이 과연 동물들을 마음대로 이용하고 실험의 대상으로 삼을 권리가 있는지에 대해 자신의 입장을 쓰라.

- 동물실험은 왜 해야 하는가?
- 동물실험을 하면 안되는 이유는 무엇인가?
- 동물실험에 찬성하는가, 반대하는가? 근거를 들어 자신의 의견을 쓰라.

	동	물	실	험	이	란		여	러		분	야	에	서		인	간	에	게
적	용	하	기		전	에		동	물	에	게		미	리		해		보	는
실	험	으	로		여	러		분	야	에	서		폭	넓	게		사	용	되
고		있	다	.	우	리		주	변	에		있	는		약	,	화	장	품,
비	누		등		매	우		많	은		물	건	들	이		동	물	실	험	100
을		거	쳐	서		만	들	어	졌	다	.	우	리	는		동	물	실	험
덕	분	에		부	작	용		없	이		약	,	화	장	품		등	을	
빠	르	고		정	확	하	게		개	발	하	여		보	다		안	전	한
생	활	을		누	릴		수		있	게		되	었	다	.				
	그	러	나		한	편	에	서	는		동	물	이		겪	을		고	통	200
을		전	혀		고	려	하	지		않	은		잔	혹	하	고		비	윤
리	적	인		동	물	실	험	을		행	하	는		일	이		발	생	하
기	도		한	다	.	모	든		생	명	은		평	등	하	고		인	간
이	라	고		해	서		다	른		동	물	을		해	치	고		함	부
로		목	숨	을		빼	앗	을		권	리	나		권	한	은		없	다.	300
	또	한		사	람	과		동	물	의		몸	이		완	전	히		같
지		않	아		동	물	실	험	을		할		때	에	는		발	견	하
지		못	했	던		부	작	용	이		사	람	들	에	게	서		나	타
나	는		사	례	들	도		발	생	하	고		있	어		동	물	실	험
을		해	서	는		안		된	다	는		목	소	리	가		커	지	고	400

있다.

　이처럼 동물실험에 대한 우려의 목소리가 있지만 동물실험은 계속해야 한다고 생각한다. 아직 동물실험을 대체할 수 있을 만큼의 기술이 발달하지 않아 현 시점에서 동물실험은 필수적이다. 많은 사람들이 동물실험은 윤리적이지 않다고 하지만 모든 동물실험은 최소한의 동물로 고통을 최대한 주지 않는 3R 원칙에 따라 실행되어 충분히 윤리적인 선 안에서 행해지고 있음을 알 수 있다. 동물실험은 그저 이익을 위해서가 아닌 생존과도 관련되어 있다. 따라서 동물실험은 계속해야 한다고 생각한다.

500
600
700

3.

　요즘 젊은이들은 성형 수술은 물론 지방 흡입이나 눈썹 문신을 거부감 없이 한다. 이렇게 해서라도 예뻐진다면 행복할 거라고 생각하는 젊은 친구들이 적지 않다. 그러나 외모와 행복 만족도가 꼭 비례한다고는 할 수 없다. '외모가 행복에 미치는 영향'에 대해 자신의 의견을 쓰라.

- 외모가 행복에 얼마나 많은 영향을 미치는가?
- 외모와 행복 만족도의 관계는 어떠한가?
- 어떻게 사는 것이 행복인가?

　외모도 능력이라는 인식이 확산되면서 성형수술을 하는 젊은이들이 많아지고 있다. 연구 자료를 살펴보면 자신의 외모에 만족하는 사람이 직급, 급여, 회사

만족도 등에서 자신의 외모에 만족하지
못하는 사람보다 높은 점수를 보였다.
그렇다면 외모가 행복에 얼마나 많은
영향을 미칠까?
　첫째, 아름다운 외모는 연애, 취업, 승
진 등 다양한 기회가 주어진다. 온라인
취업 사이트 인사 담당자를 대상으로
한 설문 조사에서 약 91%가 첫인상이
취업에 영향을 준다고 답하였을 정도로
외모는 취업뿐만 아니라 다양한 기회에
서 영향을 끼칠 수 있다.
　둘째, 아름다운 외모는 자신감을 가져
다 준다. 외모가 출중한 사람은 평범한
사람들보다 외모에 자신감을 갖게 되고
이는 곧 자존감이 높아지게 된다.
　그러나 외모가 출중하다고 해서 모든
사람들이 성공하고 행복한 것은 아니다.
연구 발표에 의하면 외면적인 아름다움
에 치중한 학생은 스트레스를 많이 받
는 반면 내재적인 목표에 주안점을 둔
학생은 자신에게 더 긍정적인 감정을
가지고 있고 인간관계도 좋은 것으로
나타났다. 따라서 외모는 행복과 관계가
있다고 할 수 없다.
　어떤 사람은 타인을 도와줄 때 행복

을		느	끼	는	가		하	면		어	떤		사	람	은		성	취	감

600

을		느	낄		때		행	복	함	을		느	낀	다	고		한	다	.
이	처	럼		사	람	마	다		행	복	을		느	끼	는		순	간	이
다		다	르	다	.	그	러	므	로		자	신	이		어	떤		순	간
에		행	복	함	을		느	끼	는	지		찾	아	가	는		것	이	
무	엇	보	다		중	요	하	다	.										

700

4.

> 인공 지능은 Siri부터 자율 주행 자동차에 이르기까지 빠르게 발전하고 있다. 인간의 능력을 뛰어넘고 있는 인공 지능은 우리의 기대와 우려를 동시에 주고 있다. 아래의 내용을 중심으로 인공 지능에 대한 자신의 생각을 쓰라.
>
> • 인공 지능 기술이 미치는 긍정적인 영향은 무엇인가?
> • 인공 지능 기술의 부정적인 영향은 무엇인가?
> • 인공 지능 기술로 인해 다가올 문제에 대한 해결 방안은 무엇인가?

	인	공		지	능		기	술	은		우	리	도		모	르	는		사
이	에		자	동	차	,		의	료	,		운	송		및		통	신	에		이
르	기	까	지		다	양	한		산	업	에		걸	쳐		사	람	들	에
게		많	은		영	향	을		끼	치	고		있	다	.	콜		센	터
에	서		사	람	이		대	응	하	기		힘	든		불	편	한		상
담	을		인	공		지	능	이		대	신		받	아	서		처	리	를
해		준	다	거	나		사	람	이		아	닌		인	공		지	능	
운	전	기	사		역	할	을		하	여		앞	차	와	의		거	리	를
조	절	하	고		차	선	을		변	경	하	는		등		자	동	차	
자	율		주	행	도		가	능	해	졌	다	.							
	그	러	나		이	처	럼		인	공		지	능	이		긍	정	적	인
영	향	만	을		끼	치	는		것	은		아	니	다	.	첫	째	,	직
업	을		구	하	기	가		전	보	다		어	려	워	진	다	는		점

100

200

이다. 예를 들면 간단한 사무직이나 단순 노동은 인공 지능이 대신하게 되어 직업을 구하기가 더 어려워질 것이다. 둘째, 개인 사생활의 침해를 낳을 수 있다. 인공 지능은 방대한 데이터를 수집하여 만들어지는 인공 지능을 원활하게 사용하기 위해서는 자신의 데이터를 공유해야 하기 때문에 사생활 침해와 개인 감시가 이루어질 수도 있다. 셋째, 잘못된 인공 지능이 개발될 위험이 있다. 사용자들이 부적절한 데이터를 인공 지능에게 학습 시키게 된다면 이는 큰 사고로 이어질 수도 있게 된다.

이처럼 인공 지능의 통제, 악용 및 남용 등으로 인한 문제를 해결하기 위해서는 먼저 인공 지능의 권한 설정과 결과에 대한 책임 소재 문제를 명확히 할 필요가 있다. 그리고 인공 지능이 우리 인간 생활에 깊숙이 자리잡고 있는 이상 인간과 인공 지능의 공존을 고려한 새로운 법적 기반이 마련되어야 할 것이다.

5.

> 　최근 인터넷을 이용하는 컴퓨터, 스마트폰, 태블릿 PC 등의 보급이 빠르게 확산되면서 다양한 정보를 쉽고 편리하게 받아볼 수 있게 되었다. 이러한 뉴미디어의 등장은 청소년에게 다방면으로 영향을 끼치고 있다. '뉴미디어가 청소년에게 미치는 영향'에 대해 자신의 의견을 쓰라.
>
> - 뉴미디어가 청소년에게 미치는 긍정적인 영향은 무엇인가?
> - 뉴미디어의 문제점은 무엇인가?
> - 뉴미디어를 올바르게 활용하는 방법은 무엇인가?

	최	근		스	마	트	폰	의		보	급	이		크	게		확	대	되
면	서		내		손	안	에	서		다	양	한		정	보	를		쉽	게
받	아		볼		수		있	는		뉴	미	디	어		시	대	가		도
래	하	였	다	.	뉴	미	디	어	는		인	터	넷	을		기	반	으	로
정	보		전	달	을		하	다		보	니		의	사	소	통	이		쌍
방	향	으	로		이	루	어	지	고		있	으	며		이	러	한		뉴
미	디	어	의		기	능	은		청	소	년	들	에	게		여	러		방
면	으	로		영	향	을		미	치	고		있	다	.					
	우	선		뉴	미	디	어	가		청	소	년	에	게		미	치	는	
긍	정	적	인		영	향	은		다	음	과		같	다	.	첫	째	,	정
치	,	사	회	,	환	경		등		방	대	한		양	의		정	보	를
적	시	에		습	득	하	는		것	이		가	능	하	고		온	라	인
상	호		작	용	을		통	해		보	다		향	상	된		인	간	관
계	를		형	성	할		기	회	를		가	질		수		있	다	.	
	그	러	나		인	터	넷	을		통	해		누	구	나		쉽	게	
정	보	를		공	유	할		수		있	는		만	큼		확	인	이	
되	지		않	은		정	보	들	까	지		함	께		청	소	년	들	에
게		전	파	되	어		잘	못	된		정	보	에		선	동	될		수
있	다	는		단	점	이		있	다	.	그	리	고		청	소	년	들	은
아	직		자	아	가		뚜	렷	이		형	성	되	지		않	았	기	

100
200
300
400

때	문	에		자	칫	하	면		무	비	판	적	이	고		수	동	적	으
로		자	아	가		형	성	되	기	가		쉽	고		잘	못	된		사
고	방	식	이		형	성	될		우	려	가		있	다	.	뿐	만		아
니	라		핸	드	폰	이	나		컴	퓨	터	를		통	해		유	해	한
내	용	도		접	할		수	도		있	다	.							
	뉴	미	디	어	를		올	바	르	게		활	용	하	려	면		우	선
청	소	년	들	이		정	보	를		접	할		때		정	보	의		출
처	를		확	인	하	거	나		검	증	된		포	털		사	이	트	만
을		이	용	해	야		한	다	.	이	를		통	해		거	짓	된	
정	보	를		어	느		정	도		걸	러		낼		수		있	다	.
또	한		유	해	한		사	이	트	는		접	근	을		차	단	하	는
앱	을		사	용	하	면		대	중	매	체	를		올	바	르	고		안
전	하	게		사	용	할		수		있	을		것	이	다	.				

500 / 600 / 700

 **알맹이** 채우기 **7** | 30분 안에 쓰기

📋 예상 문제 p.147

1.

📚**Outline**

| 서론 | • 기후변화란 일정한 지역에서 긴 시간 동안 기후의 평균값을 벗어나 더 이상 평균 상태로 돌아오지 않는 평균 기후 체계의 변화를 말한다. |

[왜 일어나는가?]

• 자연적 요인: 화산 분화에 의한 성층권의 에어로졸 증가, 태양 활동의 변화, 태양과 지구의 천문학적인 상대 위치 변화
• 인위적 요인: 화석연료 사용, 쓰레기 증가, 무분별한 살림 벌목

| 본론 | [인간 생활에 미치는 영향]

• 지표면의 온도가 올라가면서 빙하의 면적이 줄어들고 있다.
 ⊕ 녹은 물이 바다로 흘러 해수면이 상승하고 있다.
 ⊕ 몰디브의 경우 수도 시내의 3분의 2가 침수되었다.
• 기상 이변이 나타나고 있다.

| 결론 | [방안]

• 국가 간의 기후변화 협약을 맺어야 한다.
• 에너지 절약, 대중교통 이용, 나무 심고 가꾸기 등의 생활화가 필요하다.

	기	후	변	화	란		일	정	한		지	역	에	서		긴		시	간
동	안		기	후	의		평	균	값	을		벗	어	나		더		이	상
평	균		상	태	로		돌	아	오	지		않	는		평	균		기	후
체	계	의		변	화	를		말	한	다	.		이	러	한		기	후	변	화
의		원	인	은		매	우		다	양	하	다	.		크	게		자	연	적
인		요	인	,		인	위	적	인		요	인	으	로		구	분	할		수
있	는	데		자	연	적		요	인	으	로	는		화	산		분	화	에
의	한		성	층	권	의		에	어	졸		증	가	,		태	양		활	동
의		변	화	,		태	양	과		지	구	의		천	문	학	적	인		상
대		위	치		변	화		등	이		있	다	.		기	후	의		인	위
적	인		요	인	으	로	는		석	탄	,		석	유	,		가	스		등	의
화	석	연	료		사	용	으	로		인	한		기	후	변	화	,		쓰	레
기		증	가	,		무	분	별	한		산	림		벌	목	으	로		인	해

(100 표시는 4번째 줄 우측, 200 표시는 10번째 줄 우측)

산림의 온실가스 흡수를 줄어들게 함으로써 생기는 기후변화 등이 있다. 300

　이러한 기후변화는 인간 생활에 어떠한 영향을 미칠까? 첫째, 지구온난화의 영향으로 지표면의 온도가 올라가면서 빙하의 면적이 줄어들고 있다. 이렇게 녹은 물이 바다로 흘러들어 해수면이 400 상승하고 있다. 몰디브의 경우 수도의 시내 3분의 2가 침수되기도 하였다.

둘째, 기상이변이 증가하고 있다. 지구 곳곳에서는 태풍, 홍수, 가뭄, 폭우, 폭설 같은 기상이변이 빈번하게 일어나고 있으며 이에 따른 피해도 늘고 있다.

　기후변화를 해결하려면 전 지구적 차원의 노력이 필요하다. 이산화탄소 배출량을 감축하기 위해서 어느 특정 나라만 노력할 게 아니라 모든 국가가 기 600 후변화 협약을 맺으며 함께 노력을 해야 한다. 개인적 차원에서는 에너지 절약, 대중교통 이용, 나무 심고 가꾸기 등의 생활화가 필요하다.

700

2.

✦Outline

서론 [사용 비율이 높아지는 이유]
- 코로나19로 인해 수업, 회의, 만남 등을 원격으로 하면서 스마트폰을 사용하는 연령대가 더욱 다양해졌다.

본론 [문제점]
- 건강에 나쁜 영향을 미친다.
  ⊕ 거북목 증후군, 수면 방해, 시력 감퇴 등 여러 가지 문제가 발생한다.
- 청소년들은 학업에 흥미를 잃을 뿐만 아니라 해야 할 일을 미루게 된다.

결론 [노력]
- 다른 취미 생활을 찾기 위해 노력해야 한다.
- 한 번에 고치려고 하는 것보다 조금씩 바꿔가는 것이 좋다.

	요	즘	에	는		남	녀	노	소		할		것		없	이		많	은
사	람	들	이		스	마	트	폰	을		사	용	한	다	.	특	히		코
로	나	19	로		인	해		수	업	,	회	의	,	만	남		등	을	
원	격	으	로		하	면	서		스	마	트	폰		사	용	하	는		사
람	들	의		연	령	대	가		더	욱		다	양	해	졌	다	.	스	마
트	폰	은		우	리	에	게		여	러		가	지		정	보	와		재
미	를		제	공	하	지	만		없	어	서	는		안	되	는		존	재
가		되	면	서		그	로		인	한		문	제	점	도		발	생	하
고		있	다	.															
	첫		번	째	로		스	마	트	폰	을		오	랜		시	간	을	
사	용	하	면	서		건	강	에		악	영	향	을		끼	친	다	는	
점	이	다	.	스	마	트	폰	을		따	라		고	개	를		장	시	간
숙	이	면	서		거	북	목		증	후	군	이		생	길		수		있
고		잠	들	기		전	까	지		스	마	트	폰	을		봄	으	로	써
수	면	에		방	해	가		되	기	도		한	다	.	또	한		화	면
을		오	래		보	고		있	다		보	니		시	력	이		감	퇴
되	는		등		여	러		가	지		문	제	가		생	기	고		있

다	.	두		번	째	로		스	마	트	폰	을		하	다	가		보	면
재	미	있	는		것	들	을		많	이		접	하	게		되	는	데	
이	는		학	업	의		흥	미	를		떨	어	뜨	릴		뿐	만		아
니	라		자	신	이		해	야		할		일	도		계	속	해	서	
미	루	게		된	다	.	이	러	한		생	활		습	관	이		지	속
되	다	가		보	면		스	마	트	폰		중	독	에		이	르	게	
될		것	이	다	.														
	그	렇	다	면		스	마	트	폰		사	용	을		줄	이	기		위
해	서	는		어	떤		노	력	이		필	요	할	까	?		바	로	
자	신	의		다	른		취	미		생	활	을		찾	기		위	해	
노	력	을		하	는		것	이	다	.	전	부	터		하	고		싶	었
던		일	이	나		좋	아	하	는		일	을		시	작	하	여		그
일	을		위	하	여		학	원	에		다	니	거	나		그	와		관
련	된		동	호	회	에		참	여	하	는		것	이	다	.	또	는	
땀	을		흘	리	며		운	동	을		하	는		것	도		좋	다	.
무	엇	보	다	도		사	용		습	관	을		한	번	에		고	치	려
고		하	는		것	보	다		조	금	씩		노	력	해	서		올	바
른		습	관	으	로		바	꿔	가	는		것	이		중	요	하	다	.

400
500
600
700

3.

☰ Outline

서론 • 원격 의료란 원거리에서 정보 통신 기술을 이용해서 의사의 진료를 받을 수 있는 서비스를 말한다.

장점

• 의료 사각지대를 해소할 수 있다.
• 의료 접근성이나 편의성을 높일 수 있다.

본론 **문제점**

• 오진 가능성이 높다.
  ⊕ 환자가 자신의 상태를 직접 입력하기 때문에 의료 사고가 발생할 수 있다.
• 장애인이나 노인들은 인터넷, 정보 통신 기기를 다루는 데에 어려움을 겪을 수 있다.
• 개인 정보 누출 가능성이 있다.
  ⊕ 개인의 사생활 침해 발생하거나 유출된 정보가 범죄에 악용될 수 있다.

결론 **입장**

• 원격 의료에 반대한다.
  ⊕ 오진의 가능성이 높다.
  ⊕ 의료 사고 발생시 환자가 구제받기가 힘들다.

최	근		코	로	나	19		팬	데	믹		상	황	에	서		환	자
가		의	료		기	관	을		이	용	하	면	서		바	이	러	스	에
감	염	되	는		것	을		방	지	하	기		위	해		원	격		의
료	를		일	시	적	으	로		허	용	하	고		있	다	.		원	격
의	료	란		환	자	가		직	접		병	원	을		방	문	하	지
않	고		통	신	망	이		연	결	된		모	니	터		등		의	료
장	비	를		통	해		의	사	의		진	료	를		받	을		수
있	는		서	비	스	를		말	한	다	.		이	러	한		원	격		의
료	는		의	료		사	각	지	대	가		해	소	되	고		국	민	의
의	료		접	근	성	이	나		편	의	성	을		높	이	는		데	에
기	여	할		수		있	다	.											
	그	러	나		이	에		따	른		문	제	점	도		많	다	.	첫
째	,		원	격		의	료	는		오	진		가	능	성	이		높	다	.
환	자	가		자	신	의		상	태	를		직	접		입	력	하	기
때	문	에		잘	못		입	력	하	면		정	확	한		진	단	이	나

100

200

300

처방이 이뤄지지 않을 가능성이 높을 뿐만 아니라 의료 사고도 발생할 수 있다. 둘째, 장애인이나 노인들은 원격 의료에 사용되는 인터넷과 정보 통신 기기를 다루는 데에 어려움을 겪을 수 있다. 셋째, 환자가 의료 정보를 입력하고 전달하는 과정에서 개인 정보가 누출될 수도 있다. 이로 인해 개인의 사생활 침해가 발생하거나 유출된 정보가 범죄에 악용될 수도 있다.

　이러한 문제점들을 고려해 보았을 때 원격 의료를 실시하는 것은 시기적으로 아직 이르다고 생각한다. 원격 의료는 대면 진료를 하지 않기 때문에 오진의 가능성이 높고 의료 사고가 발생했을 때는 환자가 구제받기가 쉽지 않을 것이다. 따라서 원격 의료는 환자의 건강권에 영향을 미칠 수 있다는 점에서 원격 의료를 실시하는 것에 반대한다.

400

500

600

700

1. 성공한 사람들은 소통하는 방법을 확실히 **알다**.
   → **안다**
   : '알다'는 ㄹ불규칙 동사이므로 '-는다/ㄴ다'와 결합할 때 'ㄹ'이 탈락됩니다.

2. 무리하게 운동을 하면 **아파지기가** 쉽다.
   → **병이 나기가**
   : '아프다'는 '-어/아지다'와 함께 쓰이지 않습니다.
   '-기가 쉽다'는 동사와 결합하기 때문에 '아프다' 대신에 '병이 나다'로 고쳐 쓰는 것이 좋습니다.

3. 무엇보다도 회사의 분위기가 **중요한다고** 생각한다.
   → **중요하다고**
   : '중요하다'는 형용사이므로 '-다고 생각하다'와 결합합니다.

4. 한국 사람**은** 가장 좋아하는 음식은 김치찌개이다.
   → **이**
   : 문장에 두 개의 주어가 있는 경우 문장의 큰 주어에는 조사 '은/는', 작은 주어에는 조사 '이/가'를 사용합니다. 문장의 서술어 '김치찌개이다'와 호응하는 주어는 '음식'이고, 이때 '음식'은 큰 주어, '한국 사람'은 작은 주어에 해당하므로 '한국 사람'에는 조사 '이/가'를 사용해야 합니다.

5. 나에게 맞는 치수가 **없는다**.
   → **없다**
   : '없다'는 형용사이므로 '-다'와 결합합니다.

6. 중요한 물건을 보낼 때는 보험에 들지 않으면 안 **되다**.
   → **된다**
   : '되다'는 동사이므로 '-는다/ㄴ다'와 결합합니다.

7. 요즘 사람들은 복잡한 도시보다 조용한 곳에 **살고 싶다**.
   → **살고 싶어한다**
   : 주어('사람들은')가 3인칭이므로 '-어하다/아하다'를 써야 합니다.

8. 많은 학생들이 함께 모여서 하는 **게** 좋아한다.
   → **것을**
   : '좋아하다'는 조사 '을/를'과 호응하고 '좋다'는 조사 '이/가'와 호응합니다.

9. 대중매체란 신문, 잡지, 라디오,텔레비전 등 다양한 정보를 **전달한다**.
   → **전달하는 것을 말한다**
   : '이란/란'은 '-는 것을 말한다'와 호응합니다.

10. 사과가 다이어트에 도움이 되는 것**을** 나타났다.
    →**으로**
    : 동사 · 형용사는/은/ㄴ 것으로 나타났다.

11. 최근 코로나19 바이러스가 **확산된다**.
    → **확산되고 있다**
    : '최근'은 '-고 있다'와 호응합니다.

12. 인터넷 쇼핑은 시간과 장소에 구애 받지 않고 할 수 **있는** 장점이 있다.
    → **있다는**
    : 동사 · 형용사는다는/ㄴ다는/다는 장점이 있다.

13. 전문가의 말에 의하면 불황은 또 다른 **기회다**.
    → **기회라고 한다**
    : '에 의하면'은 간접화법 '동사 · 형용사는다고/ㄴ다고/다고 한다'와 호응합니다.

14. 그 동아리가 재미있어 **보이니까** 가입하였다.
    → **보여서**
    : '-으니까/니까'는 상대방이 아는 이유를 말할 때 사용합니다. 상대방이 모르는 이유를 말할 때는 '-어서/아서'를 사용합니다.

15. 불규칙적인 생활이 지속되면 우울증이나 불안감이 <mark>발생할 거다</mark>.

→ 발생할 것이다.

: 말할 때는 '-을/ㄹ 거다'라고 할 수 있지만 쓸 때는 '-을/ㄹ 것이다'라고 써야 합니다.

16. 아침밥을 챙겨 먹는다는 답변은 2%<mark>을</mark> 그쳤다.

→ 에

: 비율의 정도가 정도가 적을 때 사용하는 표현으로 '그치다'와 호응하는 조사는 '에'입니다.

17. 역사는 왜 <mark>배웁니까?</mark>

→ 배울까?/배우는가?

: 글을 쓸 때 의문형은 '동사·형용사을까?/ㄹ까?' 또는 '동사·형용사는가/은가/ㄴ가?'로 나타냅니다.

18. 군대에서도 핸드폰을 사용하도록 하는 방안이 추진<mark>되는</mark> 전망이다.

→ 될

: 동사·형용사을/ㄹ 전망이다.

19. 아이가 싫어한다면 무리하게 <mark>시키는</mark> 필요가 없다.

→ 시킬

: 동사·형용사을/ㄹ 필요가 있다(없다).

20. 아이들<mark>이</mark> 부모가 칭찬할 때 자존감이 올라간다.

→ 은

: 문장에 두 개의 주어가 있는 경우 문장의 큰 주어에는 '은/는', 작은 주어에는 '이/가'를 사용합니다. 따라서 문장의 서술어 '자존감이 올라간다'와 호응하는 큰 주어가 '아이들'이므로 조사 '은/는'을 사용해야 합니다.

1회 p.172

51. (10점)	⊙ 외국어 교실 수강생을 모집하려고 합니다 외국어 교실 수강생을 모집하고자 합니다
	ⓒ 서둘러 신청해 주시기 바랍니다 1월 10일까지 신청(접수)해 주십시오 이메일로 신청(접수)해 주시기 바랍니다

52. (10점)	⊙ 멀리서도 땀을 흘린 사람을 잘 찾아간다고 한다
	ⓒ 땀을 흘린 후에 바로 씻는 것이 좋다

53. (30점)

	통	계	청	에	서		30	대		여	성		50	0	명	을		대	상
으	로		여	성	의		경	제		활	동		참	여	율	에		대	해
조	사	하	였	다	.	20	00	년	에		3	천		명	,	20	20	년	에
9	천		1	백		명	으	로		20	년		동	안		약		3	배
증	가	한		것	으	로		나	타	났	다	.	이	와		같	이		변
화	한		원	인	은		첫	째	,		여	성	에	게		적	합	한		일
자	리	가		증	가	하	였	다	.		둘	째	,		정	부	의		육	아
정	책	이		뒷	받	침	되	었	기		때	문	이	다	.		셋	째		양
성		평	등		강	화	가		여	성	의		경	제		활	동	률	이
증	가	하	는		데	에		영	향	을		주	었	다	.		이	러	한
영	향	이		계	속	된	다	면		20	25	년	에	는		경	제		활
동	에		참	여	하	는		여	성	이		15	,	00	0	명	에		이
를		것	으	로		전	망	된	다	.									

정답 및 해설

54. (50점)

　과학 기술은 인류의 행복을 증진시켰
다고 할 수 있다. 생명 공학으로 식량
부족 문제를 해결할 수 있게 되었고
질병의 원인을 찾아내어 신약과 새로운
치료법을 통해 건강하게 살 수 있게
되었다. 또한 교통 기관의 발명으로 인
간의 활동 범위도 확대되었으며 최근에
는 인간과 지능이 비슷한 로봇까지 만
들어내며 인간이 할 수 없는 일을 로
봇이 대체할 수 있게 되었다.
　과학 기술이 인류의 행복과 복지에
기여했음은 틀림없는 사실이다. 그러나
과학 기술의 발달이 인간의 행복과 비
례하는지는 다른 문제이다. 과학 기술은
개발되었을 때의 의도와는 다르게 사용
되어 예상하지 못한 부정적인 결과를
초래할 수 있다. 산업용으로 개발된 다
이너마이트는 전쟁 무기로 사용되어 수
많은 목숨을 앗아가는 비극적인 결과를
초래했다. 또한 생명 과학 기술의 발달
에 따라 생기는 윤리적인 문제도 무시
할 수 없다. 생명 과학 기술의 발달로
가능해진 유전자 검사, 맞춤 아기 등은
여전히 논란의 중심에 있다.

과학 기술은 인간에게 편리함을 가져다 줄 수 있지만 발달함에 따라 생기는 여러 문제가 있는 양날의 검 같은 존재이다. 따라서 인류는 과학 기술을 인류의 번영과 행복에 기여할 수 있는 방향으로 현명하게 사용해야 한다. 인류가 기술을 인류의 행복이 증진되고 보다 많은 일자리가 제공될 수 있는 영역에 이용하며 과학 기술로 인한 여러 윤리적 문제를 고민하고 해결할 때 과학 기술은 인간을 위한 유용한 도구가 될 수 있을 것이다.

2회 p.174

51. (10점)	㉠ 예약 전에 전화로 문의를 해야 된다고 쓰여 있습니다 　예약을 해야 한다고 쓰여 있습니다
	㉡ 어디로 전화를 하면 됩니까 　어떻게 하면 될까요

52. (10점)	㉠ 빛이 다 좋은 것은 아니다
	㉡ 실제 필요한 부분만을 효율적으로 밝히는 게 좋다

53. (30점)

통계청에서 3, 40대 남녀 각 500명을 대상으로 '이직을 희망하는가'에 대해 조사하였다. 그 결과 '그렇다'라

정답 및 해설

고　응답한　남자는　83 %,　여자는　67 %였
다.　'아니다'라고　응답한　남자는　22 %,
여자는　30 %였다.　이직을　희망하는　이유
에　대해　남자는　'연봉이　적어서',　여
자는　'근무　환경이　열악해서'라고　응
답한　경우가　가장　많았다.　이어　남자는
'회사의　미래가　불투명해서',　여자는
'연봉이　적어서'라고　응답하였다.

54. (50점)

　신조어란　시대의　변화에　따라　새로운
것들을　표현하기　위해　새롭게　만들어진
말이나　기존에　있던　말에　새로운　의미
를　부여한　말을　말한다.　신조어는　주로
온라인　매체를　통해서　접하게　되는데
주로　SNS　및　온라인　커뮤니티,　인터
넷　방송　등에서　신조어를　습득하여　사
용하고　있다.　이러한　신조어를　왜　습득
하면서　사용하는　것일까?　신조어를　사
용하면　길고　복잡한　설명이　없어도　쉽
게　의사소통을　할　수　있다.　그리고　말
을　빠르게　전달하기에도　좋을　뿐만　아

나라 새롭고 재미있는 표현이 많아 소통하는 데에 즐거움을 주기도 한다.

　그러나 무분별한 신조어의 사용으로 인한 우려의 목소리도 커지고 있다. 우선, 세대 간의 차이를 가져올 수 있어 대화가 단절되거나 언어의 격차가 커질 가능성이 있다. 둘째, 신조어를 무분별하게 사용하면서 한글이 훼손되고 있다. 신조어 가운데는 맞춤법이 틀리고 뜻을 알 수 없을 만큼 줄여 쓰거나 어느 나라 말인지 불분명한 것들도 많다.

　신조어가 간편하고 재미있는 요소를 지니고 있지만 신조어로 인해 올바르지 않은 언어 습관이 형성될 수 있다는 점에서 신조어 사용에 반대한다. 신조어가 사람들에게 혼동을 줄 수도 있을 뿐만 아니라 신조어를 사용하는 사람과 사용하지 않는 사람들 간의 언어 격차가 생길 수 있다. 따라서 가급적 신조어 사용은 줄이고 올바른 언어를 사용하는 습관을 길러야 한다.

51. (10점)	㉠ 엘리베이터 정기 점검을 실시하려고 합니다
	㉡ 이용에 불편이 없으시기 바랍니다 / 다소 불편하더라도 양해해 주시기 바랍니다

52. (10점)	㉠ 햇빛에 적당히 노출되어야 한다
	㉡ 비타민 D가 들어있는 음식을 챙겨 먹는 것이 좋다

53. (30점)

통계청에서 한국인 남녀 각 500명을 대상으로 한국인 1인당 연간 커피 소비량에 대해 조사하였다. 한국인 1인당 연간 커피 소비량을 살펴보면 2015년에 291잔에서 2020년에는 336잔, 2025년에는 605잔으로 10년 동안 거의 3배 증가한 것으로 나타났다. 이와 같이 증가한 원인은 술, 회식 문화가 카페 중심으로 바뀌고 카페가 사교의 장이 되었기 때문인 것으로 보인다. 이러한 영향이 계속된다면 2030년에는 한국의 커피 시장 규모가 8조 6천억 원에 이를 것으로 기대된다.

54. (50점)

'팬덤'이란 어떤 대상을 열정적으로

좋아하는 집단을 말하며, 그러한 흐름을 팬덤 문화라고 한다. 정보 통신 기술의 발달로 팬덤 문화는 급속하게 퍼져가고 있으며 이는 특히 청소년들에게 많은 영향을 미치고 있다.

　팬덤이 청소년에게 미치는 긍정적인 영향으로는 다음과 같다. 첫째, 학업 스트레스로 인해 삶의 만족도가 떨어져 있는 청소년들이 팬덤 활동을 통해 스트레스를 풀 수 있다. 둘째, 팬덤 문화에서는 같은 마음을 가진 팬들이 있고 그들의 의견을 동조해 주고 각자의 의견을 존중해 주면서 청소년들 간의 상호 교류의 기회가 많기 때문에 이를 통해 사회성을 키울 수 있다.

　그러나 최근 팬덤의 형태는 특정 스타의 생활양식을 자기 것으로 동일시하고 맹목적으로 추종하면서 잘못을 무조건 옹호하고, 팬덤들 간 배타적인 행동을 하게 된다. 그뿐만 아니라 팬덤 활동을 하느라고 자신의 할 일을 제대로 하지 못한다는 단점도 있다.

　이처럼 팬덤 문화에는 여러 단점들도 있지만 팬덤 문화가 청소년들에게 미치는 긍정적인 영향은 부정적인 면보다

더		크	다	고		생	각	한	다	.		청	소	년	들	이		팬	덤	
활	동	에		적	극	적	으	로		참	여	하	면	서		의	미	들	을	
생	산	해		내	고		그		과	정	에	서		팬	덤	의		일	원	
으	로	서		소	속	감	,		자	부	심	을		느	끼	게		된	다	.
그	리	고		팬	덤		활	동	을		통	해	서		만	족	감	과		
보	람	을		느	끼	게		해	준	다	는		점	에	서		팬	덤		
활	동	은		청	소	년	에	게		나	쁜		영	향	보	다	는		좋	
은		영	향	이		더		많	다	고		생	각	한	다	.				

(600 표시는 4번째 행 오른쪽, 700 표시는 마지막 행 오른쪽)

4회 p.178

51. (10점)	㉠ 지갑을 잃어버렸습니다
	㉡ 주우신 분은 연락 주시기 바랍니다 보신 분은 연락 주십시오

52. (10점)	㉠ 간단한 일상생활에서 할 수 있는 운동을 하는 것이 좋다
	㉡ 취미 활동을 하는 것이다

53. (30점)

	한	국	관	광	공	사	에	서		외	국	인		1	0	0	명	을		대
상	으	로		'	한	국	'	하	면		떠	오	르	는		이	미	지	'	
에		대	해		조	사	하	였	다	.		그		결	과		K	-	P	O
P	이		7	5	.	5	%	,		북	한	이		8	.	5	%	,		I	T	가		7
.	5	%	,		한	식	이		5	.	5	%	인		것	으	로		나	타	났	다	.
나	라	별		K	-	P	O	P		소	비		현	황	을		살	펴	보	
면		1	0	년	간		미	국	은		2	배	,		일	본	은		1	.	1	배	,

(오른쪽에 100 표시)

중국은 1.5배 늘어난 것으로 나타났으며 미국이 가장 높은 증가율을 보였다. 이와 같이 인기가 있는 이유는 K-POP 가수의 외모와 스타일이 매력적이고 한국의 최신 패션, 뷰티 등 트렌드를 볼 수 있기 때문인 것으로 보인다.

54. (50점)

우리들의 일상에서 갑자기 정전이 되면 동시에 모든 것이 정지된다. 이처럼 전기는 우리 생활에 빼놓을 수 없는 필수 불가결한 것이다. 원자력 발전은 우리 생활에 필요한 전기를 공급하는 데에 적지 않은 비중을 차지하고 있다. 원자력은 화석 연료와는 다르게 탄소를 배출하지 않는다는 이점을 가지고 있다. 그뿐만 아니라 원자력 발전은 화석 연료보다 장기적으로 공급이 가능하고 운영 비용이 매우 저렴하기 때문에 경제적이라고 할 수 있다.

그러나 원자력 발전은 다른 발전에 비해 초기 건설 비용이 많이 든다. 게다가 원전 폐쇄 후 관리 및 해체 비용, 핵 폐기물 처분 비용까지 생각하면 초기 건설 비용보다 많은 자본이 들어간다. 또한 원자력이 청정 에너지라는 이미지와는 다르게 핵에너지를 사용하기 때문에 원자력 발전으로 인해 기후 변화가 일어나는 등 심각한 환경 파괴를 불러일으킬 것이다. 그리고 대량의 방사능과 핵폐기물을 유발하기 때문에 원자력은 결코 깨끗하고 재생 가능한 에너지라고 할 수 없다.

이처럼 원자력 발전에는 우리에게 그리 좋은 영향을 주지 않지만 전기 에너지의 절대적인 필요성 때문에 원자력 발전 건설에 찬성한다. 다른 에너지보다 싸게 계속 공급해야 한다면 원전의 증설은 불가피하다. 그리고 기존 원전 안정성 강화에 투자하는 것이 다른 자원 개발에 돈을 쏟아 붓는 것보다 더 효율적이라고 생각한다.

400
500
600
700

| **51.**
(10점) | ㉠ 빌려 줘서 고마워 |
| | ㉡ 돌려 주면 될까 |

| **52.**
(10점) | ㉠ 지속적으로 할 수 있다 |
| | ㉡ 개인이 가지고 있는 재능을 활용할 수 있다 |

53. (30점)

	명	품		소	비	율	에		대	해		조	사	한		결	과		20
20	년	에		7	만		2	천		명	,		20	30	년	에		15	만
4	천		명	으	로		10	년		동	안		약		2	배		증	가
한		것	으	로		나	타	났	다	.		성	별	에		따	른		명	품
소	비	율	을		살	펴	보	면		남	자	의		경	우		20	20	년
에		3	만		명	,		20	30	년	에		10	만		4	천		명	으
로		약		3	배		이	상		증	가	한		반	면	,		여	자	의
경	우		20	20	년	에		4	만		2	천		명	,		20	30	년	에
5	만		명	으	로		소	폭		증	가	하	였	다	.		이	와		같
이		남	성	들	의		명	품		소	비	율	이		증	가	한		이
유	는		남	성	들	의		자	기		관	리	에		대	한		관	심
이		높	아	지	고		있	고		명	품	으	로		자	신	의		경
제	력	과		사	회	적		지	위	를		과	시	하	려	고		하	기
때	문	인		것	으	로		보	인	다	.									

54. (50점)

	최	근		청	소	년	들	의		강	력		범	죄	가		꾸	준	히
늘	어	나	고		있	다	.	게	다	가		미	성	년	자	의		수	위
높	은		잔	혹	한		범	죄	가		계	속	되	면	서		소	년	
범	죄	에		대	한		처	벌	을		강	화	해	야		한	다	는	
여	론	이		확	산	되	고		있	다	.								
	그	러	나		소	년		범	죄	가		단	순		강	력		처	벌
로		강	화	한	다	면		그	에		따	른		문	제	점	도		발
생	한	다	.	오	히	려		교	도	소	에	서		동	일		범	죄	
소	년	과		접	촉	하	면	서		범	죄		수	법	을		배	우	는
등		또		다	른		범	죄	를		양	상	할		우	려	가		있
다	.	그	리	고		법		기	준	을		강	화	한	다	고		해	서
미	성	년		범	죄	를		예	방	할		수		있	다	는		근	거
도		분	명	하	지		않	다	.	미	국	에	서	는		소	년	범	에
대	한		처	벌	을		강	화	하	였	으	나		실	제	로		엄	한
처	벌	을		받	은		소	년	들	의		재	범	률	이		높	았	다
는		연	구		결	과	가		있	었	다	.	또	한		청	소	년	들
을		성	인	과		동	일	하	게		형	벌	을		부	과	하	면	
보	호		처	분	에		의	한		소	년	원	이		아	닌		형	사
처	벌	에		의	한		교	도	소		수	감		생	활	은		사	회
적	응	력	을		떨	어	뜨	려		사	회	로	의		복	귀	가		더
욱		힘	들	어	진	다	.	엄	중	한		처	벌	을		통	해		범
죄		소	년	을		사	회	와		격	리	한	다	면		지	금		당
장	은		재	범	을		막	을		수		있	겠	지	만		근	본	적
인		해	결	책	이		될		수	는		없	을		것	이	다	.	

(오른쪽 여백 표시: 100, 200, 300, 400)

그러므로 소년법 폐지를 통해 엄중한 처벌을 하기보다는 교화가 우선시되어야 할 것이다. 소년범들이 건강하게 사회에 적응할 수 있도록 교화 제도를 더 강화해야 한다. 그리고 형사 처분을 받지 않는 나이를 14세에서 13세, 12세로 낮추거나 살인이나 강간 등 강력범죄를 저지른 청소년은 소년법 적용 대상에서 제외하는 등의 방법도 소년법 폐지 대안 방법 중 하나이다.

한국어능력시험 TOPIK II

1 교시 (쓰기)

주관식 답안은 정해진 답란을 벗어나거나 답란을 바꿔서 쓸 경우 점수를 받을 수 없습니다.
(Answers written outside the box or in the wrong box will not be graded.)

성 명 (Name)	한국어 (Korean)	
	영 어 (English)	

51
㉠
㉡

52
㉠
㉡

53

아래 빈칸에 200자에서 300자 이내로 작문하십시오 (띄어쓰기 포함).
(Please write your answer below; your answer must be between 200 and 300 letters including spaces.)

50
100
150
200
250
300

53

※ 54번은 뒷면에 작성하십시오. (Please write your answer for question number 54 at the back.)

수 험 번 호

8

| 0 | 1 | 2 | 3 | 4 | 5 | 6 | 7 | 8 | 9 |

주 관 식 답 란 (Answer sheet for composition)

아래 빈칸에 600자에서 700자 이내로 작문하십시오 (띄어쓰기 포함).
(Please write your answer below; your answer must be between 600 and 700 letters including spaces.)

50

100

150

200

250

300

350

400

450

500

550

600

650

700

※ 주어진 답란의 방향을 바꿔서 답안을 쓰면 '0' 점 처리됩니다.
(Please do not turn the answer sheet horizontally. No points will be given.)

한국어능력시험
TOPIK II

1 교시 (쓰기)

주관식 답안은 정해진 답란을 벗어나거나 답란을 바꿔서 쓸 경우 점수를 받을 수 없습니다.
(Answers written outside the box or in the wrong box will not be graded.)

| 성 명
(Name) | 한국어
(Korean) | |
| | 영 어
(English) | |

51	㉠
	㉡
52	㉠
	㉡

53 아래 빈칸에 200자에서 300자 이내로 작문하십시오 (띄어쓰기 포함).
(Please write your answer below; your answer must be between 200 and 300 letters including spaces.)

※ 54번은 뒷면에 작성 하십시오. (Please write your answer for question number 54 at the back.)

수 험 번 호

	8											
⓪	⓪	⓪	⓪	⓪	⓪		⓪	⓪	⓪	⓪	⓪	⓪
①	①	①	①	①	①		①	①	①	①	①	①
②	②	②	②	②	②		②	②	②	②	②	②
③	③	③	③	③	③		③	③	③	③	③	③
④	④	④	④	④	④		④	④	④	④	④	④
⑤	⑤	⑤	⑤	⑤	⑤		⑤	⑤	⑤	⑤	⑤	⑤
⑥	⑥	⑥	⑥	⑥	⑥		⑥	⑥	⑥	⑥	⑥	⑥
⑦	⑦	⑦	⑦	⑦	⑦		⑦	⑦	⑦	⑦	⑦	⑦
⑧	⑧	⑧	⑧	⑧	⑧	●	⑧	⑧	⑧	⑧	⑧	⑧
⑨	⑨	⑨	⑨	⑨	⑨		⑨	⑨	⑨	⑨	⑨	⑨

주 관 식 답 란 (Answer sheet for composition)

아래 빈칸에 600자에서 700자 이내로 작문하십시오 (띄어쓰기 포함).
(Please write your answer below; your answer must be between 600 and 700 letters including spaces.)

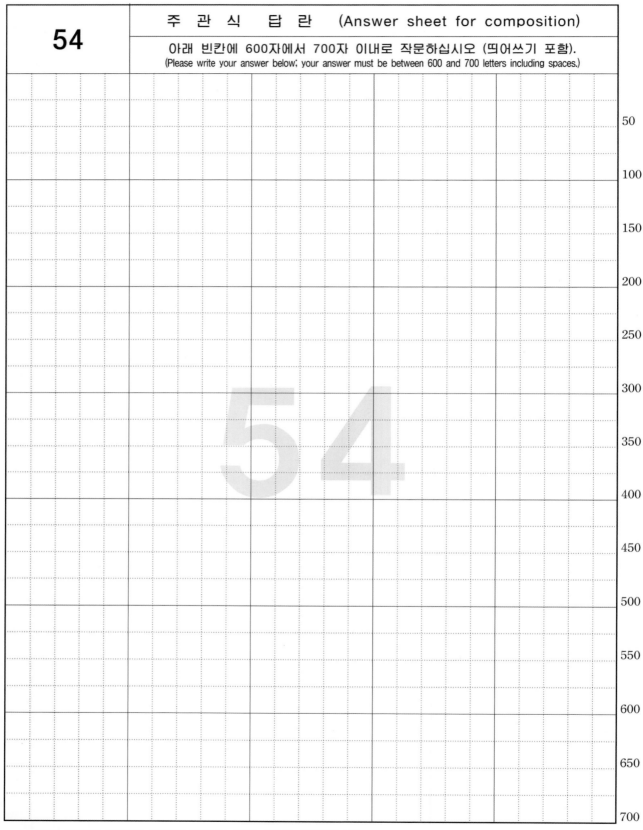

50
100
150
200
250
300
350
400
450
500
550
600
650
700

※ 주어진 답란의 방향을 바꿔서 답안을 쓰면 '0' 점 처리됩니다.
(Please do not turn the answer sheet horizontally. No points will be given.)

한국어능력시험 TOPIK II

1 교시 (쓰기)

주관식 답안은 정해진 답란을 벗어나거나 답란을 바꿔서 쓸 경우 점수를 받을 수 없습니다.
(Answers written outside the box or in the wrong box will not be graded.)

성 명 (Name)	한국어 (Korean)	
	영 어 (English)	

51	㉠	
	㉡	
52	㉠	
	㉡	

53 아래 빈칸에 200자에서 300자 이내로 작문하십시오 (띄어쓰기 포함).
(Please write your answer below; your answer must be between 200 and 300 letters including spaces.)

※ 54번은 뒷면에 작성하십시오. (Please write your answer for question number 54 at the back.)

주 관 식 답 란 (Answer sheet for composition)

아래 빈칸에 600자에서 700자 이내로 작문하십시오 (띄어쓰기 포함).
(Please write your answer below; your answer must be between 600 and 700 letters including spaces.)

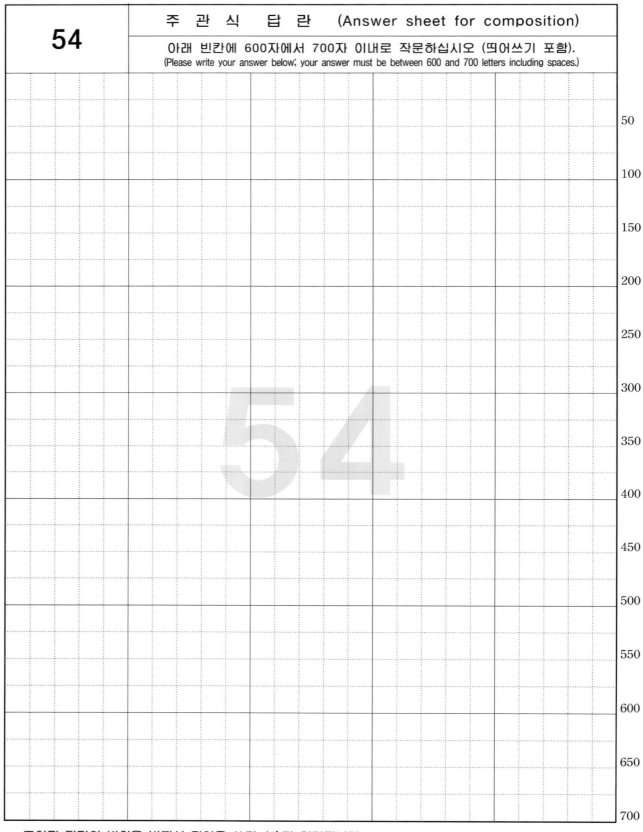

50

100

150

200

250

300

350

400

450

500

550

600

650

700

※ 주어진 답란의 방향을 바꿔서 답안을 쓰면 '0' 점 처리됩니다.
(Please do not turn the answer sheet horizontally. No points will be given.)

한국어능력시험
TOPIK II

1 교시 (쓰기)

성 명 (Name)	한 국 어 (Korean)	
	영 어 (English)	

수 험 번 호

8

결시자의 영어 성명 및
수험번호 기재 후 표기

※ 결시
확인란 ○

※ 답안지 표기 방법(Marking examples)

바른 방법(Correct)	틀린 방법(Incorrect)
●	⊘ ⊗ ◑ ◓

바르지 못한 방법

※ 위 사항을 지키지 않아 발생하는 불이익은 응시자에게 있습니다.

| ※ 감독관
확 인 | 본인 및 수험번호 표기가
정확한지 확인 | (인) |

주관식 답안은 정해진 답란을 벗어나거나 답란을 바꿔서 쓸 경우 점수를 받을 수 없습니다.
(Answers written outside the box or in the wrong box will not be graded.)

51	㉠	
	㉡	

52	㉠	
	㉡	

53

아래 빈칸에 200자에서 300자 이내로 작문하십시오 (띄어쓰기 포함).
(Please write your answer below; your answer must be between 200 and 300 letters including spaces.)

50

100

150

200

250

300

※ 54번은 뒷면에 작성하십시오. (Please write your answer for question number 54 at the back.)

주 관 식 답 란 (Answer sheet for composition)

아래 빈칸에 600자에서 700자 이내로 작문하십시오 (띄어쓰기 포함).
(Please write your answer below; your answer must be between 600 and 700 letters including spaces.)

50

100

150

200

250

300

350

400

450

500

550

600

650

700

※ 주어진 답란의 방향을 바꿔서 답안을 쓰면 '0' 점 처리됩니다.
(Please do not turn the answer sheet horizontally. No points will be given.)

한국어능력시험
TOPIK II

1 교시 (쓰기)

	성 명 (Name)	한 국 어 (Korean)	
		영 어 (English)	

수 험 번 호

주관식 답안은 정해진 답란을 벗어나거나 답란을 바꿔서 쓸 경우 점수를 받을 수 없습니다.
(Answers written outside the box or in the wrong box will not be graded.)

51	㉠
	㉡

52	㉠
	㉡

53 아래 빈칸에 200자에서 300자 이내로 작문하십시오 (띄어쓰기 포함).
(Please write your answer below; your answer must be between 200 and 300 letters including spaces.)

50
100
150
200
250
300

※ 54번은 뒷면에 작성하십시오. (Please write your answer for question number 54 at the back.)

결 시 결시자의 영어 성명 및
확인란 수험번호 기재 후 표기

※ 답안지 표기 방법(Marking examples)
바른 방법(Correct) ●
바르지 못한 방법(Incorrect) ⊗ ⊙ ◑ ◐ ✖

※ 위 사항을 지키지 않아 발생하는 불이익은 응시자에게 있습니다.

감독관 본인 및 수험번호 표기가 (인)
확 인 정확한지 확인

주 관 식 답 란 (Answer sheet for composition)

아래 빈칸에 600자에서 700자 이내로 작문하십시오 (띄어쓰기 포함).
(Please write your answer below; your answer must be between 600 and 700 letters including spaces.)

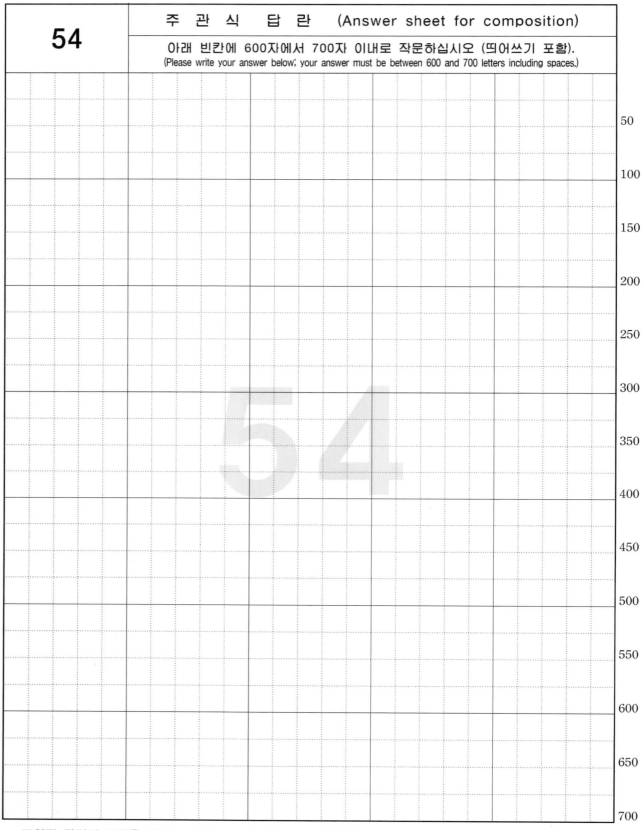

50

100

150

200

250

300

350

400

450

500

550

600

650

700

※ 주어진 답란의 방향을 바꿔서 답안을 쓰면 '0' 점 처리됩니다.
(Please do not turn the answer sheet horizontally. No points will be given.)